国家の気概

日本の繁栄を
守るために

大川隆法
RYUHO OKAWA

まえがき

本書を一読すれば、ほとばしる情熱と、救世、救国の気概を感じとることに迷う人はいないだろう。

私は二十数年間、五百冊を超える著書、千回を超える説法で、自らが正しいと信じることのみを説き続けてきた。

本書には、政治や国家論、憲法論、国際経済、国際情勢、社会生態学、未来学に関する事柄が、勇気をもって数多く語られている。「一宗教家の立場で、何をそこまで……」と批判する向きも、おそらくはあるだろう。

しかし私は、かつて、東大法学部で国際政治学者を目指していた若き政治学徒でもあった。「国際政治学」は私の専攻した学問である。素人《しろうと》であるとは言わせない。

天命により、宗教家となったが、「幸福の実現」、仏国土・ユートピアの具現化《ぐげんか》も私の使命であると信じている。

二〇〇九年　五月

幸福《こうふく》の科学《かがく》グループ創始者兼総裁《そうししゃけんそうさい》　大川隆法《おおかわりゅうほう》

国家の気概　目次

第2章　リーダーに求められること

第3章 気概《きがい》について――国家入門

第4章　日本の繁栄《はんえい》を守るために

第5章　夢の未来へ

第1章

構想力の時代

2008年2月16日（高知県・幸福の科学 高知支部精舎にて）

1　これからは「構想力の時代」である

先見性や発想力で時代を先取りしていた坂本龍馬《りょうま》

本章では、日本の今後のあり方について考えてみたいと思います。

現代は変化の激しい時代であり、数十年で世の中は大きく変わります。したがって、これからは「構想力の時代」です。「時代を読み、先のことをどのように構想していくか」ということが大事です。

現在ただいまの仕事を充実《じゅうじつ》させて実績をあげることは、非常に大切なことではありますが、「先を読む目を持ち、五十年先、百年先、さらには、その先までを見て、構想を立てる」ということも、とても重要なことなのです。

私も、五十年、百年、百五十年、二百年と先のことを考えて、説法をしなくてはいけないと心がけています。

さて、私は、この説法の前日、高知入りしたのですが、空港名が「高知龍馬《りょうま》空港」に変わっていて、少し驚《おどろ》きました。高知（土佐《とさ》）出身の有名人の一番手である坂本龍馬の「龍馬」が空港名に入っているのです。

龍馬が、これほど郷土から愛され、偉《えら》いと思われている理由を考えてみると、彼には、行動力もありましたが、やはり、先見性や発想力、構想力で、時代を先取りしたところがあると思います。

彼は、「仇敵《きゅうてき》同士の薩摩《さつま》と長州《ちょうしゅう》を連合させて、幕府を倒《たお》す」という発想をし、薩長《さっちょう》連合の仲介《ちゅうかい》をしました。

さらに、「幕府の政権を天皇《てんのう》に返す」という大政奉還《たいせいほうかん》を発案しました。下級武士が中心になって幕府を倒しただけでは反乱のように見えるため、「幕府に大政奉還をさせ、天皇の権威《けんい》の下《もと》に革命を起こす」ということを考えたのです。これは、いわば幕府の上と下の両方からの革命です。

龍馬は、そういう人でした。そして、新政府ができる直前に、彼は暗殺されたのです。

坂本龍馬《りょうま》の霊《れい》から「日本のあるべき姿」の提言を受ける

高知で私が宿泊《しゅくはく》したホテルでは、「わしゃ坂本龍馬《りょうま》だが、早う起きんと、日本の夜明けに間に合わんぜよ」という音声のモーニングコールを流していると聞きました。コンピュータを使って龍馬の声を再現したもののようです。「世間はまだ眠《ねむ》っている」という意味では、確かに、その声の言うとおりでしょう。

龍馬の死後、百四十年以上がたったわけですが、龍馬は現代の日本をどう見るでしょうか。龍馬ならではの視点や意見があるはずです。

龍馬の霊《れい》は幸福の科学の支援霊団《しえんれいだん》の一人でもあるので、私は、そのホテルで、説法前日の夜、霊としての龍馬と話をしました。また、翌朝も、龍馬の霊は、朝早くから来て、熱く語りかけてきました。夜に一時間半ほど話をし、朝にも二時間ぐらい話をしたので、合計で、三、四時間ぐらい話をしたことになります。

彼の考えには、私の考えと同じとは言いかねるものもあるのですが、「天上界《てんじょうかい》の龍馬が、今の日本を見て、どう思っているか。どう感じているか。今後、どうすべきだと思っているか」ということは、今の日本人が参考にすべき点もあるのではないかと思います。

私は二十年ぐらい前にも『龍馬の霊言《れいげん》』*を収録して発表しましたが、本章では、坂本龍馬の霊が、二〇〇八年二月の時点で、日本の政治や世界の動きを見て、日本や世界のあるべき姿として提言したことの要点を、紹介してみたいと考えます。

＊『大川隆法霊言全集　第11巻　坂本龍馬の霊言／吉田松陰の霊言／勝海舟の霊言』『大川隆法霊言全集　第43巻　悪霊撃退法』〔ともに宗教法人幸福の科学刊〕所収。

2　龍馬《りょうま》の霊《れい》は日本の外交や国防を心配している

今の日本は、独立国として情けない状況《じょうきょう》にある

龍馬《りょうま》が心配していたのは、「自分が考えた構想で明治維新《いしん》が成り、その後《ご》、幕府の体制よりは、ずっとよい国になって発展したのは事実なので、この点については成功である。けれども、明治維新前夜に考えたことと、百四十年後の現在、必要とされるあり方との間に、多少、ずれがあるように思われる」ということです。

特に、「今の日本は、やや情けない国になっているように思う」ということを言っていました。「日本の国が、こんな腰抜《こしぬ》けになっていたのか。経済的に繁栄《はんえい》はしたが、根性《こんじょう》が据《す》わっていないというか、精神性の柱がない。武士《ぶし》の世の中を終わらせたのはよいが、〝武士《もののふ》の精神〟そのものを失ってはいけない」ということでした。

それで、彼が特に力点を置いて言っていたことは、やはり、外交・国防関係のことについてです。その方面への意見が、かなり出ていました。

「日本は、今、自分で判断して、国を守ったり、国としての行動がとれたりするような、主権国家になっていると思うのか。これは情けないと思え。国の独自の判断で、『する、しない』『やる、やらない』ということができるようになっているのかどうか。

今のままでは、アメリカの属州とは言わないけれども、アメリカさんのご機嫌《きげん》を伺《うかが》って、ふらふらしているような状況《じょうきょう》であり、独立国としては、やや情けないのではないか」

このようなことを言っていました。

中国が台湾《たいわん》や沖縄《おきなわ》に武力侵攻《しんこう》をしたとき、日本はどうするのか

龍馬が述べたことの細かい内容について、具体的に分かるような言い方をすれば、龍馬は日本について次のようなことを述べていました。

「例えば、中国本土のほうが台湾《たいわん》に武力侵攻《しんこう》をしたとき、日本はどうするのか。それを答えられる人は、今の日本にいるのか。台湾を助けるのか、助けないのか、どうするのだ。

今、日本は経済的に世界第二位だが、やがて中国に抜かれ、中国が二位になって日本は三位に転落するだろう。中国は、人口が十三億から十四億に向かおうと

している国であり、経済が世界第二位になったとき、その数字だけを見て、『次は米中の時代になるから、米中関係のほうが大事だ』と考えるような大統領がアメリカに出た場合には、どうするのか。アメリカが民主党政権のときには、そういう考えも出てくることはあるだろう。

そして、中国が『これは大丈夫《だいじょうぶ》だ』と見て台湾に武力侵攻をしたら、そのとき、日本はどう考えるのだ。台湾を助けるのか、見殺しにするのか。『アメリカは動かない』と見たら、中国は動くだろう。そのとき、日本はどうする。『日本は、憲法上、何もしないことになっています』と言って逃《に》げたとしても、では、次に中国が沖縄《おきなわ》に来たら、どうするのだ。今の日本に、本当に、それを考えている人がいるのか。十分《じゅうぶん》に考えておく必要がある」

こういうことを言っていました。

統一後の南北朝鮮《ちょうせん》には、核《かく》武装をした大規模な軍隊ができる

もう一つ龍馬が心配していたのは、朝鮮《ちょうせん》半島についてです。

現在、朝鮮半島は南北に分断されていますが、「今世紀の前半には南北朝鮮は統一されるであろう」と龍馬は言い、次のように語りました。

「南北朝鮮が統一されれば、人口七千万人から八千万人の国ができる。その統一国家には、日本の自衛隊の十倍近い規模の軍隊があることになる。そして、おそらくは核《かく》武装がなされているであろう。今世紀前半には、核武装をした大規模な軍隊が、朝鮮半島に存在するようになるだろう。

日本の隣《となり》に、中国と、朝鮮半島の統一国家と、核武装をした国が二つ存在することになる。

朝鮮半島からは、今、対馬《つしま》にずいぶん旅行客が来ているけれども、朝鮮半島の

国家が対馬を占領《せんりょう》したら、日本はどうするのか。これについて、きちんと考えている人はいるのか。

朝鮮半島の国家が日本に来るとしたら、まず対馬を取るはずだ。ジャブを打ってくるのは、そこだ。どうする。判断のできる政治家はいるのか。それに対処する態勢はできているのか。考えていないだろう。

しかし、中国について述べたことも、朝鮮半島について述べたことも、両方とも、今世紀の前半に具体化する可能性のあることなのだ。アメリカの政権の方針にもよるが、起きる可能性はある。考えとしては持っていなければ危ないぞ」

龍馬は、そのように言いました。

3　日本が対外的危機を乗り切るには

日本が思想的なリーダーとなり、各国との宗教的絆《きずな》を深める

前節で述べた問題への対策として、「方法は二つある」と龍馬《りょうま》は言いました。

一つは平和的な方法です。

中国の場合で言うと、「中国は唯物論《ゆいぶつろん》国家になっているので、これを宗教国家に変える」ということです。

これは、幸福の科学がすでに言っていることでもあります。

そのために、中国にも何とかして仏法真理《ぶっぽうしんり》を広げたいと思っています。日本と同じように、幸福の科学の考えを押《お》し広げ、そういう、「文化を学び、共有す

る」というかたちで、民衆のレベルでの結びつきを深くし、導いていく方法もあるのです。

これは現実に実行しており、私の著書の中国語訳が、今後、中国本土で次々と出版される予定になっています。したがって、文化的には、そうとう交流できるようになっていくと思います。

また、仏教的精神を根本《こんぽん》に持つ幸福の科学としては、インドに対しても伝道をして、〝ご恩返し〟をしなければいけないと思います。

インドは仏教の発祥《はっしょう》の地ですが、カースト制等によって後れているところがかなりあります。そこで、もう少し、「チャンスの平等」「機会の平等」が保障された、自由主義的な国になるように、当会の教えを広げて、インドの現代化を応援《おうえん》していきたいと思っています。

中国とインド、この二大大国に当会の教えを広げることができたならば、世界の未来図はかなり変わるでしょう。

これが、平和的な方法というか、宗教的な方法として、今、幸福の科学が考えていることです。

当然、朝鮮《ちょうせん》半島についても、同じようなことを考えています。やがて南北が統一されても、宗教的な面で深い絆《きずな》をつくり、この三カ国、朝鮮半島と中国とインドにとっての、思想的なリーダー、新しい意味でのリーダーとして、日本の役割を見つけたいと、私は思っています。

日本が「宗教的に尊敬される国」となることが大切

ただ、朝鮮半島については、韓国《かんこく》に本拠地《ほんきょち》を置く、キリスト教系の新宗教団体である統一協会の問題があります。

教祖である文鮮明《ぶんせんめい》は、「私はキリストの再来だ」と自称《じしょう》して活動していますが、正統のキリスト教からは認められていません。また、日本では、悪く言われていて、あまり評判がよくないし、アメリカでも評判はよくありません。

しかし、朝鮮半島のほうでは、それほど悪くは言われていません。韓国内での評判が悪いわけではないのです。その理由は、教祖が、朝鮮半島の南北統一《いっ》を生懸命《しょうけんめい》に勧《すす》めていることと、「日本は悪い国であり、日本のお金を朝鮮半島のほうにいくら引っ張ってきてもかまわない」という考え方につながるような教えを説いていることにあります。

その教祖は、自著のなかで、「韓国はアダムの国であり、日本はエバの国である」と教えています。エバは、イブとも言われますが、『旧約聖書』の「創世記」において、「悪魔《あくま》であるヘビにそそのかされて堕落《だらく》し、夫であるアダムと共に楽園を追放された」とされる女性です。

そして、「日本が経済的に発展したのは、夫であるアダム（韓国）に、すべての物を返すためである」とも教えています。そのため、「日本の富を、いくら巻き上げても、収奪《しゅうだつ》しても、かまわない」という発想が出てきているのです。

朝鮮半島の人にとっては、そのような思想は受け入れやすいのかもしれません。韓国では、今、キリスト教が非常に流行《はや》っています。統一協会もそのなかに交じって活動しているので、私は、韓国にも伝道をして、仏教的な意味における救済を広げていく必要があると考えています。

統一協会自体は、幸福の科学のことを、そう悪く言っているわけではありません。

ただ、前述したように、統一協会の思想は、「日本は悪い国である」というような思想であり、それがメジャーになり、中心的になれば、日本を侵略《しんりゃく》することも可能な思想なのです。

したがって、思想戦としては、「そんなことはありません。日本は仏陀《ぶっだ》の導いている国です」と言って、日本をきちんと尊敬される国にしておかなくてはいけないのです。

それは中国に対してもインドに対しても同様です。

中国の人々は、仏教を心の底では尊敬しているので、「仏教や儒教《じゅきょう》、キリスト教等を統合する新たな世界宗教が立った」ということで、日本が尊敬される国家になることが大事なのです。

私は、宗教的な戦い方としては、そのような考え方を持っています。

憲法に「日本は防衛権を有する」と明記すべき

坂本龍馬は、複眼型人間なので、いつも硬軟《こうなん》の両方を考えています。

「そういう、平和主義的、宗教的な考え方もよいが、いちおう両方の構えはすべきである。やはり、日本は憲法の改正等をするべきであった。二〇〇七年の参議院議員選挙で自民党が負け、憲法改正がかなり遠のいてしまったので、日本の危険度が増した。憲法九条の改正をしたくないので、マスコミが、かなり自民党をバッシングして、それが自民党の大敗につながったのだろう。これで、日本の防衛は、かなり厳しくなってきた」

龍馬の霊《れい》は、こういうことを言っていました。

さらに、日本とアメリカとの関係がこじれてきて、米中が接近してきたりすると、非常に危険な状況《じょうきょう》になります。日本は、過去六十年、アメリカが守ってくれることだけを頼《たよ》りにした行き方をしてきたので、日本独自では何もできません。龍馬は、「日本独自でやらなくてはならなくなったときに、どうするのか。今のままでは何もできないぞ」ということを言っていました。

そこで、龍馬的に言えば次のようになります。

「日本国憲法は『平和憲法』と言われており、第九条で、『戦争放棄《ほうき》』を謳《うた》い、

『陸海空軍その他の戦力は、これを保持しない。国の交戦権は、これを認めない』ということを規定しているけれども、これは、やはり、占領国側《せんりょうこくがわ》が一方的に押《お》しつけた条項《じょうこう》であり、無茶苦茶である。かつてのアメリカが先住民たちの武器を取り上げたのと同じような〝刀狩《かたなが》り〟だ。これは、ひどすぎる。だから、これを普通《ふつう》の状態《じょうたい》に戻す必要がある。

民主主義的な国であれば、国防についても言論が立ち、議論を尽《つ》くせるようになっていなければいけないのに、『そもそも議論の余地がない』ということでは、やはりいけない。『国意として、どうするか』は、大勢で話し合って決めるべきことである。

侵略的なものについて、今、それを肯定的《こうていてき》に考える必要はないとは思うけれども、国家として、『国には防衛権がある』ということは、憲法に、はっきりと明記すべきである。憲法九条を変えるとしたら、『日本は、独立国家として、固有の防衛権を有する』ということを、やはり、きちんと宣言すべきだ」

今、日本は、憲法上、戦力を持たないことになっているのに、約二十数万人の隊員を擁《よう》する自衛隊が堂々とあります。世界から見たら、これは明らかに軍隊です。

日本では、「憲法に違反《いはん》するものは、存在してはいけない」ということになっているのに、自衛隊は、「憲法に違反しない」と解釈《かいしゃく》されて存在しています。法律である「自衛隊法」だけに根拠《こんきょ》があるので、これは、やはり異常な状態です。

「自衛隊は軍隊ではない」という議論が、ずっとまかり通ってきていますが、これは、まるで「白馬は馬にあらず」というような議論です。六十年たったので、もうそろそろ、これは、きちんとしなくてはいけないと思います。

龍馬は、「『自衛権、国防の権利はある』ということを、きちんと言うべきだ」と言っていました。

これについては、憲法学者も否定はしていないのです。「戦争を放棄する」と言っても、自衛権というものは、本来的にある自然権です。人の場合、刀やピストルで襲《おそ》いかかられたら、自分を防衛する権利は誰《だれ》にだってあります。それと同じような権利は国家にもあるのです。それは否定できない部分なのです。したがって、「国の防衛権をきちんと明記すべきだ」ということが一点です。これを龍馬は言っていました。

議院内閣制ではなく大統領制にし、立法と行政を独立させよ

龍馬の発案によって、大政奉還《たいせいほうかん》、すなわち、将軍家の国家の大権を天皇《てんのう》に返上し、天皇主権のようなかたちにして革命を起こした明治維新《いしん》ですが、百四十年たって見たかぎりでは、龍馬の意見は次のようなものでした。

「天皇制の考え方は、日本国憲法の『国民主権』の考え方とは、はっきり言っ

て整合性がない。これは、徳川幕府を倒《たお》すためには必要なものであったが、『国民に主権がある』というのであれば、天皇制のところは、詰《つ》めが足りないように思われる。

国民主権、民主主義で行くのであれば、『元首は誰なのか』ということを、はっきりさせるべきだ」

今の日本国憲法では、元首は、天皇なのか首相なのかが分からないのです。外交的な場では、例えば、外国の要人と会ったりするときには、天皇は元首のように振《ふ》る舞《ま》います。しかし、天皇は、政治の実務レベルでは何も権限は持っていません。一方、天皇制の下《もと》では内閣総理大臣も元首ではありません。そのため、誰が元首か分からない状態になっているのです。

このように、国民主権といっても、日本では、国民の意見によって選ばれた人に最終判断権を与えることができないような状態になっているのです。

龍馬的に言えば、次のようになります。

「幕府を倒すためには、どうしても錦《にしき》の御旗《みはた》が必要だったので、天皇家を立てたけれども、今やるとしたら、天皇制ではないかたちにする。

文化的象徴《しょうちょう》としての天皇家は存続させる。二千六百年以上続いた、日本文化の象徴として、敬意を払《はら》って残すことは大事だと思うけれども、民主主義、国民主権という考えから言えば、大統領制のようなものをつくり、国民の投票によって選ばれた人が、権限を持って判断するようにしなくてはいけない。

例えば、このままでは、前述したような国防上の問題等が生じたときに責任を取る人がいない。したがって、議院内閣制にも問題がある」

天皇制の下での議院内閣制というスタイルは、イギリスの政治制度にも少し似ていますが、天皇がいて、国会と内閣とが連動しています。そのため、三権分立がきっちりと確立していないのです。

国会は「立法府」であり、法律をつくるところです。一方、内閣は「行政府」であり、実際の行政をするところです。ところが、日本では議院内閣制になっているので、法律をつくるところが、実際の行政を行うところとも連動してしまっており、一体化しています。裁判所だけが分かれていますが、「立法・行政」と「司法」の〝二権〟しかないので、これでは本当は三権分立になっていないのです。

「いろいろなものの判断をして実行するにあたって、ここが非常に妨《さまた》げになっているので、きちんと三権分立をして、国会は立法権で独立し、行政は行政権で独立すべきだ。今は、官僚《かんりょう》が、事実上、立法も行政も両方をやってしまっているが、このかたちはおかしい。

首相公選制という考えでもよいけれども、大統領制のようなかたちにして、民意を直接に反映した人が判断するスタイルに持っていったほうがよいのではないか」

そのような意見を、龍馬は言っていました。

これが、明治以降、百四十年の日本のビジョンをつくった人の考えです。今の時点での考えとして、そのようなことを言っていました。

政治家は「日本の未来ビジョン」を打ち出せ

日本の未来について改めて考えるべきときが、もうすでに来ています。

もう一回、いろいろな矛《む》盾《じゅん》点《てん》を洗い直し、やはり、〝第三の建国〟を目指さなければいけないのです。

もし、日本が、このまま中国やインドに経済的に抜《ぬ》かれ、ＧＤＰ（国内総生産）が第二位から第三位、第四位へと落ちていき、アメリカが、日本より経済的に上になった国と同盟を結んで、日本が外されていくようなスタイルになった場合には、何らかの厳しい未来が予想されます。したがって、もう一段、「どうするのか」ということを考えておく必要があるのです。

いずれにしても、「先を見通す構想力」を持った人が出なければいけません。しかし、今の日本の政治状態を見るかぎりでは、政治家としてのあり方は、やはり十分ではないように思われます。日本の政治家たちは、もう少し狭《せま》い範囲《はんい》で物事を考え、党利党略で動いていることが多いようです。

政治家は、自信を持って、「日本の未来は、こうあるべきだ」ということを打ち出すべきなのです。そして、国の体制を整えなくてはいけません。

幸福の科学には、「政治家になりたい」という若い会員も数多くいるので、そういう人たちをも応援《おうえん》できるような団体にしたいと考えています。

これが、日本の国内の政治状況についてです。

さまざまな国との友好関係を深めよ

また、龍馬の霊は、世界との関係についても語りました。

前述したように、平和策として宗教的な思想を広げていくことも大事ですが、現実的な問題として、ほかの国との外交関係のところも考える必要があります。

危険な国は、はっきりしているので、どうするかというと、やはり、「味方をもう少し増やさなくてはいけない。日本の周りに〝友達《ともだち》〟をつくらなければ駄目《だめ》である。そういうところが、いざというときに日本を助けてくれるようにする必要がある」ということです。

その意味で、今、いちばん大事なのは「インド」です。大国のインドと日本との交流を深めて、非常に近い関係を築かなくてはなりません。日本政府も、そうした考えは持っており、その方向で少し動いてはいます。安倍晋三《あべしんぞう》氏も、総理大臣在任中にインドを訪問しました。このように、日本政府にも、インドとの関係強化は、考えとして、あることはあるのですが、まだそれほど深くは考えていないようです。

また、大相撲《おおずもう》等の関係もあって、最近では、モンゴルともけっこう行き来があるので、モンゴルとの友好関係はもっとつくっておきたいものです。

ロシアは、今後、雲行きが怪《あや》しいのですが、シベリアの開発等を通じて、少なくともシベリア地区のほうとは友好関係をつくるように努力する必要があります。

中国は、いろいろな民族がいるため、国内の意見は統一されておらず、本当はまだ一枚岩ではないのです。大連あたりの東北部には、日本を歓迎《かんげい》する空気がそうとうあるので、このあたりにもしっかりと入っていって、味方に付ける必要があります。それから、中国南部の上海《シャンハイ》や香港《ホンコン》も、考え方としてはかなり近いので、このあたりとも友好関係をつくりたいものです。

このように、日本が外交的に孤立《こりつ》しないように戦略を立て、友好関係があるところを順番につくっていく必要があるのです。

白人の国で友達になりうるのは、一つにはオーストラリアです。

また、日本人はカナダのことをほとんど考えないのですが、カナダも友好国としてもっと大切に考えなければいけません。なぜなら、アメリカを牽制《けんせい》するときに、カナダとの友好関係が必要になるからです。

カナダはアメリカにとって隣国《りんごく》なので、カナダと日本が非常に深い友好関係にあれば、アメリカも日本を無視しがたくなるのです。万一、アメリカが日本と仲が悪くなったときに、隣《となり》のカナダが日本と仲がよいと、アメリカは困ります。外交が不安定になるからです。そのため、カナダとの関係も大事です。

もちろん、南米のブラジルも大事です。ここも次の大国になります。

ヨーロッパでは、かつて日英同盟を結んだことのあるイギリスや、先の大戦のときに同盟国であったドイツには、まだ、日本への友好感情が残っているので、イギリスやドイツとは、やはり、しっかりとした関係を持つ必要があるでしょう。

「このような世界戦略をきちんと立てて、さまざまな国や地域との友好関係を築き、ネットワークをつくっておかないと、日本を独立国家として守り、繁栄《はんえい》させていくことは難しい。だから、いろいろなことを考えておきなさい」

龍馬は、こういうことを言っていました。

「国連中心主義」や「世界連邦《れんぽう》」的な考え方の限界

龍馬が、国連中心主義や、世界政府、世界連邦《れんぽう》のようなものを勧《すす》めるかといったら、実は、そうは言いませんでした。

「国連のようなものだけで世界を動かすというのは無理だと思う。数合わせだけでは、実際には、やはり大国のわがままが通ってしまうだろう。

また、世界政府のようなもので一元化するとなると、これまた、すごい圧政になるだろう。世界の国々は、それぞれ文化が違《ちが》うため一元化できない。これを無理に一元化すると、かなり苦しい体制になるだろう。

したがって、世界政府、あるいは国連に全部任せるというような考え方を、必ずしも私は持っていない。それぞれの国が豊かな個性を持ちながら、友好的に付き合って、世界をうまくリードしていくほうがよろしいと考えている」

そのようなことを縷々《るる》述べていました。

私の考えも、それに近いのです。世界の国々は文化がかなり多様なので、必ずしも一元化はできません。政治のレベルで一元化することには、やはり危険なところがあるのです。

そのため、宗教のレベルで、やるべきことをやろうと思っています。幸福の科学の思想を、全世界の百カ国、二百カ国へと広げ、それによって、各国の人々の交流が進むような、そういう未来ビジョンを持っています。

4　舵取《かじと》りを間違《まちが》えると日本は二流国に転落する

以上のようなことを、龍馬《りょうま》の霊《れい》は私に訴《うった》えかけてきました。彼が述べたことは、一つの意見として受け入れて、考えてみたいと思います。ほかの人には、当然、ほかの意見もあるでしょうが、彼の構想力などには、やはり、立派なものがあるように思います。

坂本龍馬は、生前、地元への利益の誘導《ゆうどう》や還元《かんげん》をまったくしなかった人ですが、「日本の龍馬」「世界の龍馬」を目指していたのでしょう。霊となった現在も、語ることは、そういう種類のことであって、「高知のここに土木工事をしたら繁《はん》栄《えい》するぞ」などということは言いません。世界レベルで発言しているのです。

彼が警告しているように、今後の舵取《かじと》りを間違《まちが》えると、日本が二流国に転落していく可能性もあるので、気をつけなくてはいけないと思います。

「幸福の科学が発展することによって、日本を、世界から尊敬される国にしていきたい」と、私は考えています。

第2章

リーダーに求められること

2008年11月1日（沖縄県・幸福の科学 那覇支部精舎にて）

1　先の戦争は、まったくの間違《まちが》いか

沖縄《おきなわ》には、まだ迷っている戦没者《せんぼつしゃ》の霊《れい》が数多くいる

私は、この説法の前日、沖縄《おきなわ》に入りホテルに泊まったのですが、その夜、先の戦争で亡くなり、まだ迷っている霊《れい》たちが出てきました。

私の泊まった部屋には、四方の壁《かべ》に窓があり、内側から鍵《かぎ》をかけて閉めてあったのですが、夜になると、それらの窓から〝人影《ひとかげ》〟が入ってきたのです。そのため、そう長くは寝《ね》ることができませんでした。

沖縄の霊界は、まだ十分には浄化《じょうか》されていないようです。一般的《いっぱんてき》には、死んで六十数年もたてば、そろそろ、この世には未練がなくなり、あの世に上がってい

くはずですが、「沖縄では、やはり、まだなのか」ということを感じました。

私の姿は、霊たちの目には、おそらく、大きな〝ホタル〟のようなものが光っているかに見えたのでしょう。どこの誰《だれ》かも分からない霊たちが、救いを求めて、次から次へと私のところへやってきたのです。

彼らは、六十数年もたっているのに、なぜ、まだ成仏できないのでしょうか。

一般論としては、死後、天国に行けずに迷っている場合、「人間の本質は魂《たましい》であり、あの世とこの世を転生輪廻《てんしょうりんね》している存在である。正しく生きた人は天国に、間違《まちが》った生き方をした人は地獄《じごく》に行く」という真理を知らないことが多いのです。しかし、どうも、それだけではないようです。

この迷い方は、やはり戦争と関係しています。戦争についての無念さや残念さというか、何か説明がつかないもの、自分自身が納得できていないものが、死後もいろいろと残っているのです。

「自分たちの死の意味を、きちんと説明してほしい」という感じでしょうか。しかるべき説明を受けておらず、納得ができない状態なのです。そういう点が、ほかの地域とは違うと思います。

さらに、説法当日の朝、ホテルで地元の新聞を読んだところ、先の戦争に関連する二つの記事が一面を飾《かざ》っていました。「沖縄では、まだまだ一面記事になるような重大問題なのだな」と感じました。

そこで、まず、先の戦争に関連した話をしておきたいと思います。

戦争で亡くなった日本人は犬死にだったのか

戦後、日本の言論界を引っ張ってきた思想は、「先の戦争は、単なる間違いであり悪であり、軍部の独走によって多くの人が犠牲《ぎせい》になった。日本は近隣《きんりん》諸国に迷惑《めいわく》だけをかけたのである」というものです。

最近は、それとは違う意見が出てくることも多くなりましたが、こういう思想が長らく日本の言論界を占《し》めていたのです。そのため、首相や大臣が靖国《やすくに》神社に公式参拝することが、なかなかできなかったのです。

そういう思想に基づいて、「では、戦った人たちは、いったい何だったのか」ということを考えると、結論としては、「結局、彼らは犬死にした」と言う以外になくなるのです。

それゆえ、戦争で亡くなった人たちには、「われわれは、天皇陛下のために、お国のために、家族や子孫を守るために戦ったのに、あの戦争は間違いだったのか。われわれは犬死にしたのか」「しかるべき人から説明を受けたい。本当に、ただの間違いだったのか。私たちは犯罪人のようなことをしただけなのか」という疑問が、どうしても残っているわけです。

説法当日の新聞には、そうした問題に関する記事が出ていました。

その新聞には、「沖縄の集団自決問題について、大江健三郎《おおえけんざぶろう》氏の著書『沖縄ノート』には、日本軍の命令で住民が自決したと書いてあり、それを名誉棄損《めいよきそん》として訴《うった》えた原告側が高裁で負けた。『軍の命令で集団自決をした』ということの証《しょう》拠《こ》は必ずしも十分ではないが、著者がその説を信じるに足る理由があったので、原告側が負けた」という記事が出ていたのです。

また、防衛省関連として、「航空幕僚長《ばくりょうちょう》が、『先の戦争は侵略《しんりゃく》戦争ではなかった』『日本も攻撃的《こうげきてき》な兵器を持つべきだ』というような内容の論文を発表するという〝不祥事《ふしょうじ》〟を起こしたので、早速、更迭《こうてつ》された」という記事も同時に出ていました。

結局、沖縄では、戦争の問題がまだ残っていて解決していないので、亡くなった人たちも成仏し切れないのだろうと思います。

戦った軍人たちや、巻き添《ぞ》えになった民間の人たちは、自分たちの死をどのように理解したらよいのでしょうか。ここが、やるせない部分となって残っているのです。

2　霊的《れいてき》に見た「太平洋戦争の真相」

日本神道《しんとう》の神々は、先の戦争を応援《おうえん》していた

戦争というものは、戦い始めると極端《きょくたん》まで行くものです。戦争は、それほど理性的なものではないので、歴史を見れば、行きすぎた行為《こうい》はいろいろなところで出てきます。

そういう行きすぎた部分は別として考えた上で、「先の大戦は、日本側の単なる犯罪行為、侵略《しんりゃく》行為であったのか。日本は単なる悪人国家であり、軍人はみな

犯罪人であったのか」と問われれば、私の答えは、基本的に「ノー」です。日本神道《しんとう》の中心の指導神《しどうしん》たちです。

霊界《れいかい》において、先の大戦で日本を主導していたのは、日本神道の中心の指導神たちです。彼らが応援《おうえん》していたのは間違《まちが》いのないことです。日本神道の八百万《やおよろず》の神々の指導の下《もと》、日本のエリートたちが戦争を考えて、日本は戦い、そして敗れたのです。したがって、敗れたのは地上の人間だけではありません。日本の神々も敗れたのです。

もちろん、その日本神道とは、明治以降、強化された「国家神道」、すなわち、「国家の体制と一体となった神道」のことです。

明治維新《いしん》以降、急に力を強くした「天皇《てんのう》を中心とする国家神道」が、ある意味で世界宗教を目指したのです。戦争の背景には、「日本の国家神道を〝世界神道〟にしよう」という考えがあり、日本の霊界に閉じこもっていた神々が、「八紘一宇《はっこういちう》」と言いながら、世界に向かって神道を広げようとしたわけです。

アメリカと日本による頂上決戦

ところが、外国の神々は予想以上に強かったのです。そのため、日本の神々は、有史以来、初めて国家レベルで敗れることになりました。

ただ、戦後の日本の発展を見ても分かるように、それは単なる敗北にはならなかったのです。

私の著書『奇跡《きせき》の法』（幸福の科学出版刊）では、「太平洋戦争は、明治以降、国力が上昇《じょうしょう》してきた日本と、アメリカとの『覇権《はけん》戦争』であった」と述べましたが、ある意味で、頂上決戦であったことは間違いありません。

今、アメリカと日本が、主に経済の分野で、世界の一位と二位を競《きそ》っていることを見ても分かるように、先の戦争には、「急に伸《の》してきたアジアの大国と、欧《おう》米《べい》の大国とがぶつかった」という面があったと思うのです。

日本は戦争に敗れましたが、その戦いで亡くなった方は、単なる犬死にではありません。身内に戦争で亡くなった方がいたら、「犬死にではない」と、心のなかで伝えてほしいのです。

日本の神々は本当に「アジアの解放」を目指していた

なぜ、日本の神々は戦争を考えたのでしょうか。

もちろん、彼らは民族神なので、日本に軸足《じくあし》があり、日本中心に考えていた面はあったでしょう。

しかし、第二次世界大戦で、日本がしたことと、同盟国であったドイツがしたことには違いがあります。

ドイツはユダヤ人の大虐殺《だいぎゃくさつ》を行っています。何百万人ものユダヤ人を、善悪によるのではなく、「ユダヤ人である」という理由だけで迫害《はくがい》し、アウシュビッツ強制収容所などに送り込《こ》み、毒ガスで殺したりしました。

一方、日本がしたことは何でしょうか。それは、「日本が戦わなかったら、どうなっていたか」ということを考えてみれば分かります。

第二次世界大戦の前には、アジアのほとんどの国は欧米の植民地になっていました。四年間、アメリカと戦った結果、日本は負けましたが、アジアの国々は、ほぼすべて独立できたのです。そして、アフリカの国々も独立していきました。この部分については、やはり「解放戦争」としての面があったと言えます。

日本の神々は戦争を主導していましたが、彼らは一種の〝錦《にしき》の御旗《みはた》〟を持っていたわけです。「アジアの解放」という部分については、建前や嘘《うそ》ではなく、本当にその気でいたのです。

しかし、文明には進化度というものがあります。明治維新以降、日本は頑張《がんば》ったのですが、当時はまだ、日本の文明より欧米の文明のほうが、やや先を進んでいたことは間違いありません。したがって、文明の進化度の部分で、結果的に日本は敗れたとも言えます。

もちろん、「アジアを解放する」といっても、その戦いの過程においては、朝《ちょう》鮮《せん》半島や中国、その他のアジアの国々の人々が巻き添《ぞ》えになっているので、その点については、私も心が痛みます。

ただ、当時、「黄色人種は劣等《れっとう》民族であり、白色人種には絶対に勝てない」と思われていて、アジアの国々は独立できないでいたし、インドも、百数十年もの間、イギリスに支配されていたわけです。

「白人と戦っても、どうしても勝てない。アジアのほうが劣《おと》る」という考えだったのですが、欧米と戦って勝てるところを、日本がアジアの人々に見せたために、この欧米の論理が崩《くず》れたのです。

第二次世界大戦では、日本は、アジアで、イギリスやフランスなどのヨーロッパ諸国とも戦っていますが、ほとんど負けていません。

マレー沖《おき》海戦では、日本海軍の航空部隊が、不沈戦艦《ふちんせんかん》と言われていたイギリスの戦艦プリンス・オブ・ウェールズを沈《しず》めています。当時は、「航空機では戦艦を沈めることはできない」というのが常識だったため、世界中が驚《おどろ》いたのです。

日本が負けた原因は、工業力と指揮官の差

ハワイでの真珠湾攻撃《しんじゅわんこうげき》では、日本の外務省による開戦通告が遅《おく》れたために、アメリカからは「卑怯《ひきょう》な攻撃」と言われることになりました。しかし、日本が攻撃してくること自体は、アメリカは事前に察知していたのであり、その言葉は、宣伝として使っているだけなのです。

日本は、このとき、「航空母艦を主体とした機動部隊をつくり、長距離《ちょうきょり》を移動して敵を攻撃する」という、人類史上初めての攻撃の仕方を編み出しています。

そして、そのまねをしたのが実はアメリカです。「これからは航空機の時代である」と気づいたアメリカは、工業力にものを言わせ、航空兵力を増強させていきました。

当時、国力には十対一ぐらいの開きがあり、工業力はアメリカが勝《まさ》っていました。そのため、長期戦では日本が敗れるかたちになったわけです。

開戦前、連合艦隊司令長官の山本五十六《いそろく》は、「半年や一年は暴れてみせますが、その先は分かりません。緒戦《しょせん》で勝っている間に外交で和平に持ち込んでください」ということを言っていましたが、その予想どおりになりました。

戦争初期には、欧米諸国をアジアから追い返しましたし、司令官のマッカーサー大将もフィリピンからオーストラリアまで逃《に》げていったのですから、日本は大《だい》活躍《かつやく》したのです。

境目になったのはミッドウェー海戦です。南雲忠一《なぐもちゅういち》中将を、真珠湾攻撃に続いて再び機動部隊の司令長官に据《す》えたのですが、「この人の指揮に問題があったために負けた」とも言われています。

当時の軍部は官僚《かんりょう》主義に陥《おちい》り、「士官学校の卒業年次」という年功序列で人事を決めていたので、必ずしも能力主義にはなっていませんでした。「もし、人選において、違った選択《せんたく》をしていたら、ミッドウェー海戦に負けていなかったのではないか」とも言われています。

当時の海軍力は日本のほうがアメリカよりも上だったので、司令長官の能力が上だったら、日本は、この戦いに勝てた可能性があります。もし、日本が勝っていたら、世界史の流れは大きく変わっていたはずです。

一方、アメリカは、年功序列を無視して、ニミッツなど、優秀《ゆうしゅう》な人を積極的に抜擢《ばってき》しています。日本が負けたのは、はっきり言うと、指揮官の差だったのです。

本土決戦が回避《かいひ》された理由

日本は戦争に負けましたが、航空母艦決戦を行うなどして、四年近く、アメリカと戦いました。同盟国であるイタリアとドイツが降伏《こうふく》したあと、一国だけになっても戦っています。

最後は日本も降伏するわけですが、アメリカ軍は硫黄島《いおうとう》と沖縄《おきなわ》での戦いを見て、心底、日本人が怖《こわ》くなったのです。これは本当です。

硫黄島の戦いでは、日本よりアメリカのほうが死傷者数は多かったのです。沖縄戦でも、アメリカは多くの死傷者を出しました。

硫黄島と沖縄で必死に戦ってくださった方々のおかげで、日本本土への上陸作戦は回避《かいひ》されたのです。アメリカは、「日本本土に上陸して地上戦を行ったら、アメリカ人の死者は百万人では済まない。日本本土への上陸作戦はできない」と判断し、原爆《げんばく》を落として何とか決着をつけようとしたわけです。

もし、アメリカが日本本土に上陸し、日本側が「最後の一人まで戦う」という感じでゲリラ戦を行っていたら、日本は国力を大幅《おおはば》に消耗《しょうもう》したでしょうし、戦後、おそらく天皇制もなくなっていたことでしょう。

しかし、硫黄島と沖縄で日本人が勇敢《ゆうかん》に戦った結果、それを見たアメリカは、「本土で地上戦をやると泥沼《どろぬま》になる」と判断し、天皇制を廃止《はいし》することもあきらめたのです。そして、天皇制を残しながら平和的に治めようとしたわけです。

戦後、マッカーサーが日本へ来て驚《おどろ》いたこと

政府が「戦争をやめる」と言っても、普通《ふつう》は、今のイラクのように、各地でゲリラ戦の続くことが多いのですが、日本の場合、天皇陛下が「終戦」と言ったら、戦いはピタッと止まりました。

そして、戦後、アメリカ軍が日本へ来ても、あるいは、昭和天皇が全国を巡幸《じゅんこう》しても、今で言うテロのようなことは一つも起きませんでした。そういう不思議な光景を見て、アメリカは非常に驚《おどろ》いたのです。

その後、マッカーサーは、朝鮮戦争が起きて初めて、日本が戦った理由が分かったようです。「ロシア（ソ連）が南下してきたら日本は危なくなる。朝鮮半島は日本の防衛線であり、日本にとって死活問題だったのだ」ということを知ったわけです。

マッカーサーは、朝鮮戦争で原爆を使うことをトルーマン大統領に進言したため、GHQの最高司令官を解任されますが、彼は、朝鮮戦争を戦ってみて初めて、日本軍が戦った理由が分かったのです。

日本は、人種差別等の欧米《おうべい》の論理を崩《くず》した

日本軍が戦ったことの功罪はいろいろあると思いますが、少なくとも、「功」の一つとして、「『有色人種は差別してもかまわない。有色人種は劣性民族なので、彼らの国を植民地にしてもかまわない』という欧米《おうべい》の論理を崩《くず》した」ということが挙げられます。このことは、大きな功績として認められるべきです。

もう一つ大事な点は、本土決戦が回避された結果、「戦後、日本が発展するための余地が残った」ということです。勇ましく戦って亡くなられた方々のおかげで、戦後、日本はまだまだ発展することができたのです。

敗戦によって、いったん〝ゼロ〟になったかと思われましたが、それまでに蓄《ちく》積《せき》した技術力や学問の力、国民の勤勉性はなくなりませんでした。そのため、戦後、日本の歴史で過去最高と思われるような発展を享受《きょうじゅ》できています。

尊い命がたくさん失われましたが、決して無駄死《むだじ》にではありません。「勇ましく戦った方は英雄《えいゆう》である」と考えてよいと私は思うのです。

二〇〇八年のアメリカ大統領選挙で共和党側の候補だったマケイン氏は、ベトナム戦争で五年ぐらい捕虜《ほりょ》になっていたそうです。捕虜になった人が、「ベトナム戦争の英雄」として持ち上げられ、大統領候補になったのです。

日本軍では、「捕虜にならずに自決せよ。生きて辱《はずかし》めを受けるな」というようなことが言われましたが、アメリカでは、捕虜になった人を英雄扱いするほど、軍事的な経歴に対しては評価が高いのです。

アメリカでは、軍事指導者を経験した人が何人も大統領になっていますが、総力戦である戦争では、指導者としての能力が試《ため》されることを、よく知っているのでしょう。

日本の軍部にも、体が強くて頭も良い、立派な人が多くいただろうと思います。

敗戦により日本にもたらされた「信教の自由」

先の戦争は、日本神道の神々にとっては残念な結果に終わり、日本神道の勢力は後退することになりました。

その結果、戦後、新しい宗教が数多く誕生することになり、その流れのなかで、幸福の科学も出てくることができたのです。もし、国家神道が非常に強い状態が続いていたら、幸福の科学が出てきても弾圧《だんあつ》されただろうと思います。

「アジアの解放という使命を、ある程度、果たしつつも、戦争には敗れる」という結果になりましたが、これも、長い目で見れば、やはり「神仕組み」の一部であったと考えてよいでしょう。

新しい宗教として、幸福の科学が生まれて、日本に広がり、今、世界に広がりつつありますが、その基礎《きそ》には、戦後、日本が繁栄《はんえい》したことや、「信教の自由」

が得られたことなどがあります。私としては、「先の戦争で亡くなられた方は、その基礎の部分をつくってくださったのだ」と思っています。

日本軍は勇ましかったたし、日本は、アメリカに占領《せんりょう》されても、丸ごとキリスト教国に変えられてしまうこともありませんでした。「日本には、キリスト教徒は、いまだに人口の一パーセントしかいない」と言われています。

宗教は、国を非常に強くする力を持っているので、アメリカは、本当は、日本の宗教を変えて日本を骨抜《ほねぬ》きにしたかったのですが、それはできなかった面があるのです。

3　日本は中国とどう付き合っていくべきか

中国には「信教の自由」が必要である

今、私は、「戦前・戦中・戦後を通して、日本や諸外国の持っている『カルマの部分』を清算しつつ、新しい未来をつくっていきたい」と考えています。

中国問題等については、「日本は中国でひどいことをした」と、一方的に報道されることも多いのですが、台湾《たいわん》型の政治が中国本土で主導権を握《にぎ》っていたら、中国の人たちは、早い時期から発展・繁栄《はんえい》を享受《きょうじゅ》でき、自由も得られていたはずです。

実は、日本が負けたために、やがて中国では共産党による革命が起き、毛沢東《もうたくとう》が権力を握ることになりました。その結果、中国の人々は、何十年もの間、苦しみを味わうことになったのです。「毛沢東の時代に、殺されたり餓死《がし》したりした人は、おそらく六千万人から七千万人はいるだろう」と言われていて、第二次世界大戦で亡くなった中国人の数を遙《はる》かに超《こ》えています。唯物論《ゆいぶつろん》の独裁国家は、それほど怖《こわ》いものなのです。

今、私は、中国に対しては思想的な戦いを挑《いど》んでいます。

「信教の自由」がないところには「言論の自由」もありません。

信教の自由は、「内心の自由」と非常に関係しており、最後は「心のなかで何を信じるか」ということの自由なのです。この信教の自由が先です。まず「信教の自由」があって、「信仰告白《しんこう》の自由」があり、その次に「言論・出版の自由」が出てくるわけです。

「信教の自由」がないようなら、ほかの自由もありえません。したがって、信教の自由は、人間にとって非常に大事なものなのです。

世界の多くの国々で「民主主義のほうがよい」と言われていますが、「人間は神の子、仏の子である」という事実があるからこそ、民主主義は素晴らしいもの、立派なものになります。

人間が単なる〝物〟であり〝機械〟であるならば、人間は尊い存在ではありません。物が集まっているだけ、機械が集まっているだけであれば、民主主義もまったく尊くありません。「神の子、仏の子」であるからこそ尊いのです。

実は、「信教の自由」と民主主義はつながっています。本当は、民主主義を守るために、「信教の自由」や「言論の自由」等があるのです。

今、中国でも私の著書の中国語訳が次々と出版されていますが、中国本土に新しい宗教の波を押《お》し寄せていきたいと思っています。一方、台湾のほうには幸福の科学の教えがすでに広がっていっています。

台湾《たいわん》が今の中国に併合《へいごう》されたら、沖縄《おきなわ》が危なくなる

次に、中台《ちゅうたい》問題について述べましょう。

中国と台湾《たいわん》の問題は、二十一世紀前半における非常に大きな問題です。もし、台湾が、中国の武力侵攻《しんこう》を受けて、中国に支配されるようなことになると、アジアに非常に大きな覇権《はけん》国家が現れることになります。

二〇二五年ごろには、中国の人口は十六億人になるとも言われています。人口十六億人ぐらいの巨大《きょだい》な覇権国家が登場することは脅威《きょうい》です。

もし台湾が中国に押さえられたら、東南アジアの各国は、中国に対して〝降伏《こうふく》状態〟になり、隷属《れいぞく》関係に置かれるようになるでしょう。そして、「日本はどうするのか」という踏み絵が必ずやってきます。

さらに、アメリカのオバマ大統領は、潜在《せんざい》意識では、「大国である中国と結び

ついたほうがよいだろう」と考えているようです。もし、アメリカで「日米関係以上に米中関係が大事である」ということが言われ始めたり、突如《とつじょ》、米中の軍事同盟が結ばれたりしたならば、日本は非常に危険な状態に置かれることになります。

このようなことは、二十一世紀前半に起きる可能性があるので、私は、台湾や沖縄《おきなわ》の問題等は非常に重視して見ています。そして、そういう事態が起きないように、今後も提言などをしていくつもりです。

台湾が今の状態を維持《いじ》できるようなら、沖縄が攻撃《こうげき》を受けることはありえないと思います。ただ、台湾が落とされるようなことがあれば、沖縄も危険です。中国の中華《ちゅうか》思想によれば、「尖閣《せんかく》諸島も沖縄も中国の一部だ」ということになってしまうので、中国は、取れるものはみな取っていこうとするでしょう。

実際、中国は、チベットや内モンゴル、新疆《しんきょう》ウイグルなどを取っています。こうした所に、全部、独立されたら、国家の体制が揺《ゆ》らぎ始めるので、返すに返せず、とにかく攻撃的な姿勢をとっているわけです。

日本には、「この中国と、どうやって付き合っていくか」という問題があります。

私は宗教家なので、中国については思想の面から入っていきたいと考えています。「日本の繁栄・発展の理由は、この啓蒙《けいもう》思想にあり」ということを伝え、中国本土にも幸福の科学の仲間をつくっていきたいのです。そして、幸福の科学のネットワークでもって、日本や台湾、中国の人々が互《たが》いに助け合えるような未来を構築したいと思っています。

自虐史観《じぎゃくしかん》は他国に日本侵略《しんりゃく》の口実を与えかねない

「大国だから正義である」というわけではありません。「何が正しいか。何が間《ま》違《ちが》っているか」ということは、やはり、きちんとしていかなければなりません。「善悪を分ける知力」「善悪を知る智慧《ちえ》」を持つことは、リーダーにとって非常に大事です。「何が善で、何が悪か」ということが分からないと、人を導くことはできないのです。

また、この「善悪を分ける智慧」を持つと、政治や国際情勢、未来を見る目も変わってきます。「善悪をどう見るか」ということによって、未来は違って見えてくるのです。

以前、日本罪悪史観や暗黒史観を持っているような日本人作家が、ノーベル文学賞を受賞しました。そういう歴史観を持っていても、未来が本当に幸福になるのなら、かまわないでしょう。

しかし、近隣《きんりん》諸国には、「日本は悪い国だ」と、国家主導で国民を洗脳している国もあります。そのため、自虐史観《じぎゃくしかん》をあまり強く持ちすぎていると、そういう国に、日本侵略《しんりゃく》の口実を与えることにもなりかねないのです。

日本が侵略国家になるのはよくないことですが、独立国家として独自の文化・文明をきっちりと守ることはよいことです。

日本であれ、中国であれ、その他の国であれ、まず、足ることを知って、自国の内政をきちんと行い、国内をしっかり治めることが大事なのです。

話し合い路線での台湾《たいわん》吸収はない

今の流れから見ると、中国経済のバブル的な発展は、最近の金融《きんゆう》危機や不況《ふきょう》などの影響《えいきょう》を受け、おそらく、いったんは崩壊《ほうかい》過程に入るでしょう。中国では、今後、しばらく不況が続くはずなので、軍事的ではなく政治的なかたちでの「中台《ちゅうたい》併合《へいごう》」はないだろうと、私は見ています。

中国が台湾《たいわん》に見せたかったのは、中国本土の繁栄、特に中国南部の繁栄です。

「中国に編入されても繁栄を続けることができる」ということを示して、台湾を何とか懐柔《かいじゅう》し、「一国に統一しよう」と考えていたはずです。

しかし、中国では、おそらくバブルが崩壊するはずです。中国経済が急に崩《くず》れていくのを台湾が見れば、政治的な話し合い路線で台湾を吸収することはできないでしょう。

また、台湾は三十万人からなる軍事力を持っているので、アメリカとの絆《きずな》さえ断たれなければ、防衛は十分に可能な状況にあります。私は台湾の繁栄が消されないことを祈《いの》っています。

ただ、中国本土が先進諸国と同じような〝よい国〟になれば、中国本土と台湾が統一されてもかまわないと思います。

中国や台湾問題については、見解をはっきりしておかないといけません。単に「戦争反対」「日本は悪かった」と言うだけでは、沖縄の今後の発展・繁栄は守れないのです。この辺りについては、毅然《きぜん》とした論理を持っていなければいけないと思います。

台湾《たいわん》問題は日本の問題でもある

特に述べておきたいのは、「台湾《たいわん》問題は日本の問題でもある」ということです。中国の潜水艦《せんすいかん》がよく出入りしているのは東シナ海ですが、この海は遠浅なので、浮《う》き上がって海上を航行する状況がよく出てきます。そのため、潜水艦は必ず発見されてしまうのです。

ところが、台湾の東側の海域は世界でいちばん深い海です。台湾が中国の軍事基地になり、中国の潜水艦隊がこの海域を支配した場合、西南アジアから石油を運ぶタンカーや、東南アジアと行き来する貿易船の航行ルートが、中国の制海権の下に置かれることになります。

そうすると、有事には、日本の船は、中国の潜水艦を避《さ》けるために、フィリピンの東側を回り、オーストラリアのほうを経由しなければいけなくなるのです。要するに、現在のシーレーン（海上交通路）が確保できなくなるので、台湾問題は非常に重要なのです。

もし、台湾が攻撃され、そのとき、アメリカに台湾を守る意志がなかった場合には、日本は大変な危機に陥《おちい》ることになります。

政治家は、こういう事態もありうることを選択肢《せんたくし》として想定し、「そのとき、どうするのか」ということを考えておかなければいけません。

4　日本は世界のリーダーとしての自覚を持て

国益を考えることは、悪いことではない

この説法の当日の新聞に、航空幕僚長《ばくりょうちょう》が更迭《こうてつ》された記事が載《の》っていましたが、自衛隊幹部が自由な意見を発表しただけで、すぐ更迭されるようでは、この国の安全が守れるかどうかは怪《あや》しいところがあります。

今の日本は、自国の防衛を他国に大きく依存《いぞん》したかたちになっているので、この問題については、首相に、もう一段、イニシアチブを発揮してもらいたかったと思います。専門家の意見を白紙の心で聴《き》く「度量」を持ってもらいたいものです。

また、日本のマスコミは、何かあると、すぐに外国を焚《た》きつけ、日本を批判させるようなやり方を、いつも行っています。「日本では、このようになっています」と言って自己発信をし、「外国からクレームが来ました」と言って、またそれを報道する。そういうマッチポンプ型で事件を大きくする傾向《けいこう》があるのです。

マスコミは、こういう売国奴的《ばいこくどてき》なあり方を改めたほうがよいと思います。

国益を考えることは、悪いことではありません。世界には、さまざまな国がありますが、世界を独裁国家でまとめ上げることは不可能なので、基本的には、地方自治と同じように、それぞれの国が光り輝《かがや》くこと、それぞれの国で立派に繁栄《はんえい》していくことが大事なのです。

各国と共存・共栄し、共に発展する未来を

日本は、一部の国からは、いろいろと悪く言われているかもしれませんが、「今後、中国や東南アジアの国々の未来を、どうしたらよいか」ということに対しての先生役ができることは明らかです。日本は、「工業的な発展、経済的な発展をしたあと、どうしたらよいか」ということを、すでに経験しているので、彼らを指導できる立場に立っているのです。

先の戦争での犠牲《ぎせい》や補償《ほしょう》など、いろいろと言われることもあるでしょうが、日本は、未来に向けて、彼らを導いていく仕事ができるはずです。「償《つぐな》いを十分にしつつも、共存・共栄し、共に発展していく。そういう未来をつくることは可能なはずである」と私は考えています。

5　リーダーは決断し、実行し、責任を取れ

善悪や正義を追究し、勇気を持って決断せよ

本章では、国際情勢を踏《ふ》まえながら述べてきました。

最後に、「リーダーに求められること」を、まとめておきたいと思います。

リーダーには、とにかく、「決断力」が大事です。決断力がないと、人はついてこないのです。

また、決断のときには、「善悪とは何か」「何が善であり、何が悪であるか」ということ、言い換《か》えれば、「正義とは何か」ということを、常に追究しなくてはいけません。

そして、「真実、これが、未来を開く鍵《かぎ》である。未来を開く方向である」と思ったら、世間やマスコミの論調がどうであろうとも、「正しい」と思うことを、勇気を持って堂々と言うことです。それだけの自信が必要です。

決断し、そして、自分が決断したことを堂々と語り、実践《じっせん》する。そういう勇気が必要です。それが、やはり、リーダーの姿であると思います。

日本は「世界に対する責任」を感じよ

さらに、リーダーは責任を取らなければいけません。「どれだけ、多くの人のために責任を取ることができるか」「どれだけ、多くの人への責任を感じるか」ということが大事です。

日本は、過去の戦争のカルマを長く引きずりすぎています。今、世界のトップリーダーになろうとしているのに、自国の立場が分かっていません。

日本は、世界各国への責任をもっと感じなければいけません。アジアやアフリカだけでなく、欧米《おうべい》にまで責任を感じなければいけない時期に来ているのです。

昨年起きたアメリカ発の金融《きんゆう》危機にしても、ヨーロッパの経済危機にしても、あるいは、今後、中国が経済的な危機を起こしたとしても、日本は、それを止めるだけの力を持っています。

日本は、そういう国なので、リーダーさえしっかりしていれば、他国のそういう危機を救うことができるのです。

さらに、日本のリーダーが智慧《ちえ》を持って判断すれば、未来の戦争についても避《さ》けることが可能です。

日本は、諸外国に対して、もっと言うべきことをきちんと言い、筋を通すことです。「何でも謝《あやま》ればよい」というものではありません。「言うべきことは、きちんと言う」という態度を取ることが大事です。

そのように、リーダーには、「決断し、実行し、責任を取る」という潔《いさぎよ》さが必要だと言えます。

第3章

気《き》概《がい》について——国家入門

2008年11月22日（東京都・幸福の科学 東京北支部精舎にて）

1　国家が漂流《ひょうりゅう》しつつある日本

本章では、「気概《きがい》について――国家入門」という題で、国家論を述べていきます。

幸福の科学は、すでに、そういうレベルの話をしなくてはならない段階、宗教としては最終ステージに近いところまで来ています。当会は国家という大きなものにも責任を負っているのです。

私は、先日、台湾《たいわん》にある台北《タイペイ》支部で説法をしました（二〇〇八年十一月九日）。

台湾の道路を車で走っていて、他の車のナンバープレートを見ると、「台湾省」と書いてある車もあれば、「台北市」と書いてある車もありました。

「台湾と中国本土とは一つの国である」という考え方のプレートと、台湾を中国本土とは独立した存在と見る考え方のプレートとが混在しているようです。

そういう政治的な立場の違《ちが》いがあり、「台湾は国なのか国ではないのか、台湾にいる人たちにもよく分かっていない」という印象を受けました。

現在、台湾は、世界の二十三カ国（国連加盟の二十二カ国と国連非加盟のバチカン市国）から国家として認定されていますが、それ以外の国からは認められていない状態です。したがって、国家なのか国家ではないのか、国民なのか国民ではないのか、一つの国なのか、中国の一つの省なのか、ここのところがはっきりしていなくて、自信が持てないような状態です。

そこで、台湾にいるとき、「国家とは何か」ということについて少し考えてみました。そして、私なりの考えを説法のなかで述べてきたのです（『朝の来ない夜はない』〔幸福の科学出版刊〕所収）。

日本も、今、国家が漂流《ひょうりゅう》しつつあります。どう見ても漂流しているので、これから、どこに流れ着いていくか、分からない状況《じょうきょう》です。

「政治家に任せて大丈夫《だいじょうぶ》なのか。世界全体のなかでの日本のあり方を考え、将来を見通して、長期的な戦略を立てることのできる政治家は、いるのか」と考えると、やはり不安はあります。

最近の新聞等を見ても、政治のほうは、あまり芳《かんば》しくない状況です。

そこで、「そもそも、国家とは何か」ということを、一度、考えてみる必要があると思うのです。

2　国家の三要素――「領土」「国民」「主権」

日本の「領土」は完全には確定していない

国家には三要素があります。それは、「領土」「国民」「主権」です。この三つの要素を、いちおう持っていなければ、国家とは言えません。これは国家論の初歩です。

まずは「領土」です。

日本の「領土」は完全に確定しているかといえば、そうではありません。他《た》の国と揉《も》めている所が幾《いく》つかあります。

例えば「尖閣《せんかく》諸島」です。この辺の海底には石油がかなり埋《う》まっていて、利権が絡《から》んでいるため、中国領なのか、台湾《たいわん》領なのか、日本領なのかをめぐって揉めています。

また、韓国《かんこく》との間には「竹島《たけしま》」の問題があります。韓国から言えば、独島《どくとう》の問題になります。

ここに、一九五四年、突如《とつじょ》として韓国の武装勢力が上陸して島を占拠《せんきょ》しました。現在も数十人が常駐《じょうちゅう》しています。日本のほうは、まだ、「世界は平和な国に満ちている」と信じていたころでしたが、いきなり上陸され、奪《うば》われたかたちになりました。

日本が「日本領だ」と声を大にして言っているにもかかわらず、そのまま韓国による占拠が続いています。日本は「国際司法裁判所に付託《ふたく》しよう」と提案しているのですが、韓国は拒否《きょひ》しています。国際司法裁判所で争えば、日本領であることが確定するので、韓国は絶対に応じないのです。すでに実効支配をしていますし、日本が攻《せ》めてこないので平気なのです。日本は、なめられているわけです。

それから、「北方四島」の問題もあります。ここは、第二次世界大戦の終戦後、突如、旧ソ連に取られたものであり、不法占拠であることは明らかなのですが、それ以後、旧ソ連やロシアによって占拠されているため、日本は「北方四島を返せ」という運動を続けています。

このように、日本の領土も、完全に確定しているわけではないのです。

もっとも、これは日本だけの問題ではありません。領土については、どの国も、他の国との国境に関する問題を抱《かか》えている面が多々あります。

ただ、国家と言えるためには、領土が必要なのです。

前述の台湾の場合は、「台湾は中華《ちゅうか》民国という国の領土なのか」ということも問題になっています。「中国の一つの省なのか。それとも、独立した国なのか」ということです。

これについても、私は台湾での説法のなかで話したのですが、歴史上、台湾が中華人民共和国の領土であったことはないのです。毛沢東《もうたくとう》による革命が起き、中華人民共和国が成立したのは、台湾が中華民国によって実効支配されたあとなので、歴史的には、台湾が今の中国政府の領土であったことはありません。地元の人のなかには、この歴史的事実を知らない人もいました。

国籍《こくせき》などとの関係で「国民」の定義は難しい

国家であるためには、領土のほかに、「国民」も確定しなくてはなりません。国民の確定も、なかなか難しいのです。移民が多い国や、他の民族がたくさん入ってきている国もあるので、国民を定義することは難しいことなのです。

例えば、アメリカ合衆国では、アメリカの国籍《こくせき》を持たない米軍兵士は、一定の服務を終えると、まず永住権が得られ、さらに一定の服務を経たあとには、アメリカの国旗である星条旗に向かって宣誓《せんせい》すれば、国籍が得られることになっています。

それから、ユダヤ人について、日本人は、「当然ながら、ユダヤ民族というものがあり、その民族の人がユダヤ人である」と考えるのですが、そうではなくて、「ユダヤ教を信じている人がユダヤ人である」という捉《とら》え方もあるのです。

また、ユダヤ人は西暦《せいれき》七〇年ごろにローマによって国を滅《ほろ》ぼされてから、二千年ぐらいの間、国がなく、〝さまよえるユダヤ人〟として世界各地に散っていたのです。

そして、第二次世界大戦後、イスラエルという国が建てられます。ユダヤ人に対するナチスの暴虐《ぼうぎゃく》などがあり、「あまりにもかわいそうだ。国をつくってやろう」ということになって、ユダヤ人の国がつくられたわけです。

しかし、領土を取られた側のパレスチナ人は、当然、怒《おこ》ります。そのため、その地域では頻繁《ひんぱん》に戦争などが起きているのです。

このように、「国民」のところも確定は難しいのですが、日本の場合は、比較《ひかく》的《てき》、確定しやすいと言えます。

ただ、日本に住んでいても「日本国籍」を取っていない人もかなりいるので、その人々に、参政権などの権利が、どの程度まで認められるかということについては、揉めている面があります。今後、日本でも移民が増えるとするならば、この考え方をもっと議論する必要があるでしょう。

国民を守る意思がないのは「主権」の放棄《ほうき》

国家の要素の三つ目は「主権」です。主権とは、まとまった一つの国家として、自主的な判断で国家政策を決めて行動がとれることです。国家であるためには、この主権を持っていなくてはなりません。

例えば、台湾は、「『独立する』と言ったら、武力攻撃《こうげき》をかけるぞ」と中国本土から脅《おど》されているので、独立宣言ができないでいます。台湾は、主権が制限されている「半主権国家」のようなものです。

同じような面は日本にもあります。

先の戦争についての謝罪をするのは結構ですが、戦後、六十年以上も過ぎて、いまだに、アジアの国々、特に中国や朝鮮《ちょうせん》半島の国から謝罪を求められることがあります。

また、日本の首相が「靖国《やすくに》神社に参拝に行く」と言えば、他の国から「待った」がかかります。中国が「参拝してはいけない」と言うと、一国の首相が、国内にある、しかも首相官邸《かんてい》のすぐ近くの神社に、行くこともできないのです。

もしそれがまかり通るのであれば、日本は主権国家かどうか、非常に疑わしいのです。これでは、隷属《れいぞく》国家、属国、もしくは植民地です。少なくとも「半主権国家」のようなものであり、台湾に少し似たところがあると言わざるをえません。

その意味では、国家の定義を、もう一度、考えてみないといけないと思います。国家であるならば、国内のことについては、あるいは、国として意思決定できることについては、やはり、その国が決めなくてはなりません。それは主権の問題です。

例えば、自国の予算を外国に編成されるわけにはいきません。自国の予算は自国で決める。それが主権です。

また、防衛も、もちろん、国の主権の問題です。領土と国民を主体的に守る気があるのかどうかということも、大きなテーマだと思うのです。もし守る気がないのなら、それは主権を放棄《ほうき》しているのとほとんど同じです。私の目から見ると、主権がないのと同じなのです。

政治家ではない私が、そのようなことを言わなくてはいけないのは、まことに情けないことだと思います。政治家は、マスコミに悪口を書かれて選挙に落ちるのが怖《こわ》くて、言いたいことも言えないので、しかたなく、宗教家である私がしゃしゃり出て、参考までに、いろいろな意見を述べているのです。

「国家として、日本の国民を守る意思がない。あるいは、守ることができない。守ることを放棄している」ということであるならば、それは、やはり主権の放棄に当たると思うのです。

例えば、北朝鮮《きたちょうせん》による拉致《らち》問題についても同様です。あれは、「日本国民をさらった」ということを、北朝鮮自身が国家レベルで認めたわけです。日本国民をさらったのがUFOなら、これは手が出ないでしょうが、「北朝鮮が日本人をさらっていた」ということを、はっきりと金正日《キムジョンイル》が述べたにもかかわらず、これに対して、日本は、ほとんど何もできないでいる状態です。

これで国家と言えるでしょうか。主権は明らかに害されています。自国の国民がさらわれても、何もできない状況《じょうきょう》なのです。これには問題があります。

したがって、前述したように、もう一度、「国家とは何か」という定義から発想しなければならないのではないかと思うのです。

3 政治的な無知が暴露《ばくろ》された最近の出来事

大臣や自衛隊幹部に対する意味不明の更迭劇《こうてつげき》

戦後の日本では、日本国憲法の第九条をめぐって左翼《さよく》勢力が結集し、「この憲法のおかげで平和が続いたのだ」という一種の信仰《しんこう》のようなものが立っています。学校の教科書にもそう書かれており、私も学校でそう習ってきました。

戦後、宗教の地位が非常に下がり、宗教に代わって日本国憲法が〝御本尊《ごほんぞん》〟か

〝基本教義〟のようなかたちになりました。「憲法を守ることこそ、国の宗旨《しゅうし》」というような考え方が何十年か続いたのです。

そういうことを教えてきた組織のなかでは、日教組も非常に強い力を持っていますが、二〇〇八年の新内閣発足時には、「日教組は日本の教育を駄目《だめ》にした」というようなことを発言した大臣が、就任直後に辞任に追い込《こ》まれました。

これは、まことに不思議な現象であって、なぜクビになったのか、私には、さっぱり分かりません。言っていることが間違《まちが》っているのなら別ですが、間違ってはおらず、そのとおりなのです。また、担当の文部科学大臣でもなかったので、クビになる必要はなかったと思うのです。意味不明の更迭劇《こうてつげき》でした。

また、それとほぼ同時期に、航空自衛隊のトップである航空幕僚長《ばくりょうちょう》が発表した論文が、「けしからん」ということで新聞に批判されて大騒《おおさわ》ぎになり、その人は更迭されました。六十歳《さい》を過ぎていたため、まもなく〝定年退官〟となりましたが、その扱《あつか》いに関しても揉《も》めていました。

その航空幕僚長の書いた論文で批判された点は、「先の戦争は日本の侵略《しんりゃく》戦争だとは言えない」「日本は攻撃的《こうげきてき》な兵器も研究する必要がある」というようなことが書かれていたことです。そして、「これはシビリアン・コントロールに反する。こういうことを自衛隊の幹部が書くことは、軍部が独走するようなものなので、許せない。クビにするべきだ」というようなことを言われたのです。

これも、まことに不思議な話です。シビリアン・コントロール（文民統制）の意味は、それとは違うのです。

実際に防衛を研究している制服組の人たちが、あらゆる作戦について研究するのは、当たり前のことです。そして、「有事の際には、こうする」という意見を当然出すわけですが、それに対して、最終的に「よし」という判断をするのが、文民である総理大臣なのです。

総理大臣が、例えば、「よし、迎撃《げいげき》せよ。敵の攻撃によって、わが国の領土が侵害されているので、迎《むか》え撃《う》ってよろしい」と命じれば、自衛隊は動くわけであり、「駄目だ」と言ったら動かないのです。

これがシビリアン・コントロールというものなのです。

総理大臣が軍事作戦を立てられるはずはないので、制服組が、国民を守るために、あらゆる事態について研究すること自体は、決しておかしなことではありません。それは当然の義務なのです。

もしそれを怠《おこた》っているのなら、その人をこそ罷免《ひめん》しなければいけないでしょう。

「日本は、どの国からも攻《せ》められるはずがない」と考え、まったく無防備のまま、麻雀《マージャン》などで遊んでいたら、即刻《そっこく》、その人を更迭しなければいけません。

しかし、「軍事作戦等を研究している」ということであれば、それは当たり前のことであって、何もおかしいことではないのです。

この二件の出来事によって、日本の政治的な無知が暴露されたわけです。

台湾《たいわん》の重要性を分かっていない日本の政治家

私は、十月二十六日に和歌山支部で説法を行い、その質疑応答で、「中国は空母部隊をつくるつもりなので、南シナ海や東シナ海などの制海権を巡《めぐ》って、問題が起きてくると思われる」という話をしたのですが、それから三週間ぐらいたって、中国がすでに空母艦隊《かんたい》の建造に着手していることを報ずる内容の記事が、幾《いく》つかの新聞に載《の》りました。

あまり大きな扱いではありませんでしたが、香港《ホンコン》の英字新聞に載っていた記事が転載《てんさい》されたもので、「原子力ではなくディーゼルエンジンで動く空母である。アメリカの空母ほど大きくはなくて、一隻《いっせき》あたりの艦載機《かんさいき》は六十機以下になる」という内容だったのです。

私が説法で言及《げんきゅう》して三週間ぐらいたってから、そういう記事が出たわけです。

中国は実際に空母艦隊を研究しているのです。

台湾《たいわん》は、地政学的に見て非常に重要な位置にあり、中国は台湾を欲しくてしかたがないのです。台湾の周辺海域をタンカーなどが数多く通過しており、台湾を取れば、このあたりの海を、全部、支配下に置けるので、アジア方面の覇権《はけん》を握《にぎ》ることができます。そのため、台湾には非常に大きな意味があるのです。

今は、台湾が中国領ではないことによって、日本のタンカーなどが台湾周辺の海域を平気で通ることができます。

しかし、台湾が中国領になった場合は、どうなるでしょうか。

台湾の南側には、南シナ海という、やや深い海がありますし、台湾の東側には、世界一深い海があるので、ここに潜水艦《せんすいかん》が潜《ひそ》んでいると海上からは分かりません。

東シナ海は浅いので分かるのですが、台湾の南側や東側の海に潜まれると分からないため、台湾周辺海域の制海権を完全に取られてしまうのです。

したがって、ここは非常に大事な場所なのですが、日本の政治家の多くは、その重要性が分かってはいないように思われます。

台湾との関係改善に潜《ひそ》む「中国の真意」とは

私は、沖縄での説法の一週間後、本章の冒頭《ぼうとう》でも述べたとおり、台湾に行き、台北《タイペイ》支部にて説法をしました。

台北市のホテルに泊まっていたとき、私は台湾の新聞を読んでいたのですが、その新聞に、私の台湾での説法の前日（十一月八日）の出来事として、「台湾の新しい大使がバチカンを公式訪問し、信任状を提出した際、ローマ法王は、台湾と中国の関係が発展したことを歓迎《かんげい》する旨《むね》の発言をした」というような記事が載っていました。

台湾では国民党の馬英九《ばえいきゅう》氏が新しい総統になりましたが、彼の就任後、それまでは週一便ぐらいだった民間のチャーター便が、毎日、台湾と中国の間を飛ぶようになったり、貿易の関税をなくそうとしたり、台湾と中国の交流を深めようという話が進みました。

それ自体は、よいことのように見える話ではあるのですが、同じ日には、中国の胡錦濤《こきんとう》国家主席が、アメリカの次期大統領であるオバマ氏に電話を入れ、「台湾に攻撃用ヘリやミサイルを売らないように」という注文を付けているのです。

この二つは同じ日に起きたことです。悲しいことに、バチカンには中国の意図が分からないのでしょう。バチカンは、「台湾と中国の緊張《きんちょう》は緩和《かんわ》された。馬英九総統は平和に貢献《こうけん》した」と思っているようですが、実は、中国の作戦どおりに進んでいるだけのことなのです。

現在、台湾はアメリカ製のＦ16という戦闘機《せんとうき》を数多く所有しています。アメリカ製を導入しているので、台湾の航空兵器はかなり進んでいます。それに対抗《たいこう》するために、中国はロシア製のスホイという戦闘機などをかなり買い込み、何とか追いついてきているところではあるのですが、戦闘機戦だと、まだ台湾の空軍のほうが少し強いのです。

しかし、アメリカが台湾に航空兵器を売ることをやめてしまえば、中国と台湾の航空戦力が逆転し、中国は台湾周辺の制空権を取ることができます。今のままでは、まだ、その制空権が取れないでいます。

中国は、戦闘機戦では、まだ台湾に十分《じゅうぶん》には勝てないので、アメリカが台湾に航空兵器を売ることを止《と》めに入っているのです。同時に、馬英九総統を巻き込んで、一戦も交えずに台湾を取ってしまおうとしているのですが、バチカンには、それが分からないのでしょう。

私は、「バチカンは、そのレベルなのか。悲しいな」と思うと同時に、「オバマ氏も甘《あま》く見られているな」と思いました。大統領に就任する前に、中国から、「アジアのほうは、よく分からないだろう」と足元を見られ、早くも、「台湾を支援《しえん》しないように」と釘《くぎ》を刺《さ》されているのです。

4　日本に迫《せま》る国家存亡の危機

政治家は、日本に迫《せま》る危機を本当に理解しているのか

アメリカのオバマ政権の国務長官はヒラリー・クリントン氏ですが、思い起こせば、彼女の夫であるビル・クリントン氏が大統領だった時代（一九九三年〜二〇〇一年）は、アメリカが、日本を無視して中国に接近した時代でした。「ジャパンバッシング（日本叩《たた》き）」ではなく、「ジャパンパッシング（日本通過）」と

言われた八年間だったのです。

クリントン時代の一九九〇年代、日本は不景気になり、アメリカは空前の好景気になりました。そして、米中関係は非常に親密になりました。それがクリントン時代です。

ヒラリー・クリントン氏が、国務長官という、日本の外務大臣に当たる役職に就《つ》いたことは、そうとうな危機が日本に迫《せま》っていることを意味しているのですが、日本の政治の政策担当者は、このことの国際政治学的な意味が本当に分かっているのでしょうか。今、世界がどのように動いているのかが、本当に見えているのかどうか、問いたいところです。

現在、日本の国会では、自民党と民主党が、一生懸命《いっしょうけんめい》、政権の維持《いじ》や奪取《だっしゅ》のために、作戦を練っては、さまざまな駆《か》け引《ひ》きを続けています。

一九二九年に始まった世界恐慌《きょうこう》の少し前、日本では一九二七（昭和二）年に金《きん》融《ゆう》恐慌が起きました。この金融恐慌は、実は、国会での与野党《よやとう》の論戦において、ある大臣の失言がきっかけとなり、銀行で取り付け騒《さわ》ぎが起きたことから始まったのです。

その意味では、与党と野党、自民党と民主党の今の駆け引きを見ていると、はっきり言って、嫌《いや》な感じがします。

現在のような、国自体が大きな不況《ふきょう》に突入《とつにゅう》していきそうな時期に、「与野党が協力し合って、何とか国難を乗り切ろう」という方向ではなく、とにかくチャンスがあれば相手を倒《たお》して政権を取ろうとする動きをすることは、経済に与える影《えい》響《きょう》から見ても非常に危険なことなのです。

アメリカのオバマ政権は日本よりも中国を重視する

アメリカの民主党政権は、今後、中国寄りに舵《かじ》を切るのではないかと推定されるので、アメリカが、安全保障の面で、「日本を捨てる」という判断をする可能性もあります。

中国は、人口が十三億以上の国であり、日本の十倍の人口を持っているため、潜在的《せんざいてき》な需要《じゅよう》が大きく、将来、輸入がどんどん拡大することが見込《みこ》まれます。アメリカが景気を回復するには、計算上、貿易で中国にたくさん物を買ってもらうのが最もよいので、戦略的には、「日本より中国と提携《ていけい》するほうが有利だ」という判断が成り立つのです。

頭の良い人ほど数字でパッと判断するので、オバマ氏もヒラリー・クリントン氏も、頭のなかでは、「中国と日本なら、中国を取る」というつもりでいます。

先日の読売新聞朝刊に、「アメリカの国家情報会議の予測では、二〇二五年までに、GDP（国内総生産）は、一位・アメリカ、二位・中国、三位・インド、四位・日本、五位・ドイツという順になる」という記事が載《の》っていました。

「日本は、今後、ＧＤＰでは、世界の第二位から第三位、第四位と落ちていって、中国・インドの時代に入る」と予想されているのです。

したがって、アメリカが中国寄りの政策を採るのは、ほぼ間違《まちが》いありません。そのときに、日本が迷走したら、日本は大変なことになると私は思っています。

もちろん、日米関係を緊密《きんみつ》にするように日本は努力すべきですが、アメリカが日本を捨てる可能性がないわけではないのです。

日米安全保障条約が〝紙切れ〟のようになってしまい、突如《とつじょ》、米中に軍事同盟のようなものを結ばれたりしたら、日本は非常な危機に陥《おちい》ることになります。その辺のことも考えなければいけないと思います。

日本はインドと軍事同盟を結ぶべき

日本は、今、インドやロシアとの関係を、もう少し考えておくべきだと思います。

インドは、アジアでは日本や中国に次ぐ大国です。日本、中国、インド、この三つの大国がしのぎを削《けず》るのが、今世紀前半のアジアの情勢です。

インドの人は非常に親日的な感情を持っていますし、インドと中国とは牽制《けんせい》し合う関係になっているので、日本はインドと日印軍事同盟か何かを結《むす》んでおくべきです。戦略的には、これを結んでおかなければ危ないのです。

中国は、台湾《たいわん》を取ったあとは、東南アジアからアフリカ沖《おき》までアジア方面の制海権を全部握《にぎ》り、「アメリカは、ハワイから東側とヨーロッパ方面、自国周辺だけを見なさい。アジア方面は中国の範囲《はんい》です」というかたちで、世界を二つに割るつもりでいます。中国は、今、そういう戦略を立てているので、とても危険だと思います。

アメリカは、日米安保条約によって本当に日本の防衛のために戦うのでしょうか。その前に、例えば台湾に軍事侵攻《しんこう》があったときには、どうするのでしょうか。

一九九六年、李登輝《りとうき》総統の下《もと》で台湾が独立しそうな雰囲気《ふんいき》を見せると、中国は台湾海域でミサイル演習を行いました。そのとき、アメリカは空母を二隻《せき》出しましたが、オバマ政権では、どうなるのでしょうか。出さないかもしれません。もう、その気がなく、「台湾を守るために米中戦争が起きたら困る」と考える可能性は極《きわ》めて高いと思います。

中国は、すでに一九八一年の時点で、アメリカの主要都市に届く大陸間弾道弾《だんどうだん》を配備しました。そのため、一九八一年以降、アメリカは、中国と戦う気が本当はないと思います。中国のミサイルは、三、四十分ほどでアメリカ各地に届き、アメリカ国民が数千万人死ぬことになるので、中国と本気で戦争をする気はアメリカにはないはずです。

したがって、中国が台湾に武力侵攻をしたときに、アメリカに本気で台湾を守る気があるかどうか疑問です。

また、アメリカ軍が出撃《しゅつげき》するとしても、その場合、当然、日本の基地から出撃することになるため、中国が日本に対して、「ミサイルを撃《う》ち込むぞ」と言ったときに、日本が効果的な動きをできるかどうか、非常に疑問です。何もできないのではないかと思われます。

そのようなことを考えると、日本はインドとの軍事同盟を結んでおいたほうがよいと私は思います。インドは、人口では今世紀前半に中国を抜《ぬ》くと思われますし、経済的にも発展して、GDPでも中国とほぼ同じぐらいになるのは確実です。しかも、インドは親日的なのです。

領土問題を脇《わき》に置いてでも日露《にちろ》協商の締結《ていけつ》を

もう一つ、忘れてはならない国はロシアです。

ロシアは、ソ連が崩壊《ほうかい》したあと低迷していましたが、実は、プーチン氏の下《もと》でかなり立ち直っていて、経済的には、かなりよくなっているのです。そのため、今、そうとう自信をつけています。

プーチン氏は、二期八年間、大統領を務めましたが、現在のロシアの制度では大統領を三期続けることはできないので、二〇〇八年の五月で大統領を退任しました。しかし、その直後に首相になっています。そして、首相を務めたあとは、また大統領選挙に出られるのです。大統領を二期務めて、一回、職を離《はな》れれば、また出てもかまわないわけです。

今は、プーチン氏の部下であった人が大統領になっていますが、実質上、この人は傀儡《かいらい》であり、プーチン首相が政権を取り仕切っています。

そして、プーチン氏が二〇一二年に大統領に戻《もど》り、また二期務めれば、二〇二〇年代までプーチン政権は続くので、これは、かなりの長期政権です。

ロシアは、アメリカの大統領選の直後に、ヨーロッパの隣接《りんせつ》地域へのミサイル配備計画を打ち出し、アメリカが東欧《とうおう》で予定しているミサイル配備を牽制《けんせい》して、早くもオバマ氏の外交手腕《しゅわん》のチェックに入っています。

世界は、背後で、そういう難しい動きをしているのです。

プーチン政権は、ある意味で怖《こわ》い政権であり、独裁的な政権ではありますが、今のロシアの国民性自体は極《きわ》めて親日性が高いのです。ただ、耳にタコができるぐらい、日本がいつも北方四島の話ばかりするので、日本とロシアの関係が一歩も進まないという状況《じょうきょう》です。

ロシアは、北方四島について、本音では、「どうでもよい。どちらの領土でもかまわない」と思ってはいるのです。資源のあまりない島なので、「漁民が住んでいるだけだ。日本の観光客が来てくれて、お金を落としてくれたらよい」というぐらいにしか思っていません。したがって、日本に返すのは、そんなに難しいことではないのです。

しかし、ロシアは、過去、北方四島以外にも、他の国の領土をたくさん取ってきたので、北方四島の返還《へんかん》が契機《けいき》となり、あちこちで独立運動が起きるのが嫌《いや》で、北方四島をなかなか手放さないでいる状態なのです。

そのため、この問題は、すぐには解決しないかもしれませんが、いったん、その問題を脇《わき》に置いてでも、やはり、日本はロシアとの関係を強化しなくてはなりません。防衛レベル、軍事レベルまでは行かないでしょうが、少なくとも通商レベルで日露《にちろ》協商ぐらいは結んでおくべきだと思います。

包囲網《もう》をつくって中国に覇権《はけん》国家への道をあきらめさせよ

今、日本が国家としてなすべきことは、インドとの軍事同盟の締結《ていけつ》と、ロシアとの通商促進《そくしん》のための日露協商条約の締結です。この二つを実行しておく必要があります。

そうすると、どうなるでしょうか。中国の背後のロシアと隣《となり》のインドとが日本の友好国になります。もちろん、アメリカも、日本の完全な敵ではなく、今のところ日本の味方ですし、日本自体にも、軍事的に、ある程度の強さがあるので、実は、中国は四つの国に囲まれるかたちになるのです。

今、中国は、かつての日本のように、「太平洋の覇者《はしゃ》」になろうとして努力していますが、いちおう、この中国を四カ国で包囲するかたちにはなるわけです。

アメリカ自体は、中国を封《ふう》じ込《こ》める政策をあきらめています。中国は大陸間弾《だん》道弾《どうだん》を持っているので、中国と戦えば、アメリカにもかなりの死者が出ることを知っていますし、朝鮮《ちょうせん》戦争でもベトナム戦争でも、実質上、戦った相手は中国軍だったことをよく知っているので、アメリカは中国と戦いたくないのです。

しかし、日本は中国の近くであり、もし中国が何らかの軍事行動を起こすと、当然、日本にも被害《ひがい》は出るので、インドやロシアとのネットワークをつくることは、日本の国家戦略としては非常に大事なことだと思います。

もちろん、中国自体を敵視するわけではありません。しかし、中国に、そういう覇権国家への道をあきらめさせ、もう少し自由で民主主義的な国に変えさせて、発展・繁栄《はんえい》への道を歩むほうに中国を導いていかなければならないのです。

「覇権国家に先はない。『軍事的な覇権によって、とにかく国を大きくすれば、幸福になる』という考えは間違《まちが》いだ。なかに住んでいる人たちが幸福に暮らせることが大事なのだ」という考えに変えさせなくてはいけません。今の中国は軍事中心の国家主義体制になっているので、これを変えさせる必要があるのです。

そのために、今、幸福の科学は、中国に対して、宗教的な方面からアプローチをかけているところです。文化的なところから私たちは始めています。

ただ、政治的には、いちおう、先々の危険については考えておく必要があるのです。

日本が中国の植民地になる可能性

そこまで考えておかないと、今世紀前半、もしかすると、日本が中国の植民地になる可能性も十分《じゅうぶん》にあります。その可能性は二〇二〇年から二〇二五年ぐらいの間にあるので、こういう未来は避《さ》けたいのです。

もしも中国が、一兵も使うことなくやすやすと台湾《たいわん》を手に入れたならば、次は、当然、尖閣《せんかく》諸島を取りに来ます。尖閣諸島を取ったあとは沖縄《おきなわ》です。

沖縄には島が百六十もあります。日本の自衛隊では、残念ながら、この百六十もの島々を守ることはできないのです。「民間船が難破したようなかたちで、守りの手薄《てうす》な島に上陸され、竹島のようにパッと占拠《せんきょ》される」というような事態が起きるかもしれません。まず、無人の離島《りとう》を取りに来ると思います。

　そこを実効支配できたら、次は沖縄本島のほうに迫《せま》ってくるはずです。このとき、アメリカが中国と連携《れんけい》し、運命共同体のような関係になっていた場合には、日本にとっては非常に厳しい状態になります。

　今、アメリカ軍は、「トランスフォーメーション」という再編の過程にあり、沖縄の米軍基地に一万五千人ほどいた海兵隊員を、半分ぐらいグアムに移動させています。また、アメリカのアジア太平洋地区での戦力も減らしています。

　アメリカは、現在、経済的に落ち込んできているため、孤立《こりつ》主義のほうへと、やや戻ろうとしています。したがって、これからの時代は、混沌《こんとん》とした、三つ巴《どもえ》、四つ巴の争いになってくる可能性は極めて高いのです。

　そのなかで、日本は、もうそろそろ、「国家としての自覚」をきちんと持たなくてはなりません。そういう考え方の人が日本の政治家でなくてはいけないし、また、日本のトップでなくてはいけないと私は思います。そのような国家意識を持っていなくて、小手先の話ばかりをし、〝問題発言〟をした人をすぐクビにしたり、何かあるとすぐに謝罪したり、こんなことばかりしていてはいけません。やはり、根本《こんぽん》に思想・哲学《てつがく》が必要だと思います。

国家として、言うべきことは言わなくてはいけないのです。正しいことは正しい。間違っていることは間違っている。それだけのことです。

5　憲法九条を改正し、毅然《きぜん》とした対応を

「専守防衛」によって自国を守れ

以前、「墨攻《ぼっこう》」という映画でも描《えが》かれていましたが、儒教《じゅきょう》の孔子《こうし》の時代の少しあとに、墨子《ぼくし》を中心とする墨家《ぼっか》という集団ができ、兼愛《けんあい》の思想、すなわち、「他《た》

の人々を愛しなさい」という愛の思想と、「戦わないで平和を求めなさい」という非戦の思想を説いていました。

ただ、墨家は、同時に、専守防衛の技術についての専門家集団であり、「敵が攻《せ》めてきたときに、どのように守るか」ということを研究していました。そして、「小国が大国に攻められたとき、専門家を送って、その小国を守る」ということまでしていたのです。

私の考え方は、どちらかというと、今は、その専守防衛の考え方に近いのです。原始仏教では、「人を殺してはいけない」「戦ってはいけない」と説かれていますが、この両方の教えを守ると国が滅《ほろ》びるのです。そのため、釈迦《しゃか》族も滅びました。仏教のこの思想をそのまま実践《じっせん》すると、国家としては滅びる可能性が極《きわ》めて高いので、これは中道《ちゅうどう》に戻《もど》す必要があると私は見ています。

少なくとも、「主権国家として自国を守る」という一線は、きちんと引くべきです。「日本の国民をさらうようなことは絶対に許さない」「日本の領土を勝手に占有《せんゆう》することは許さない」という専守防衛的なところについては、国家として毅《き》然《ぜん》とした対応をすべきです。

これが、現代的には中道と言ってよいのではないかと思います。

憲法九条の思想は占領《せんりょう》軍の植民地思想

日本は今のままだと非常に危ないのです。

日本国憲法の第九条は、遅《おそ》くとも二〇二〇年ぐらいまでには改正すべきだと思います。今のままでは嘘《うそ》が多すぎます。「憲法改正がなかなかできないので、法律をつくってごまかす」というスタイルが、あまりにも多すぎるのです。

「憲法九条があるため軍隊は持てないが、自衛隊は軍隊ではないからよいのだ」と言い、自衛隊法をつくって自衛隊を設けていますが、今、自衛隊を軍隊だと思っていない人は世界中に誰《だれ》もいません。自衛隊は軍隊です。

憲法上は、あってはいけないものがあるのです。なぜなら、必要だからです。必要なら、本当は憲法を変えるべきです。

また、「そもそも、憲法九条自体が憲法違反《いはん》なのではないか」という疑いさえあるのです。

憲法九条の思想は、条文を読むかぎりでは、基本的に植民地思想です。それは、「軍事的侵略《しんりゃく》をして相手の国を占領《せんりょう》したとき、その国の軍隊を完全になくしてしまえば占領統治には非常に有利なので、一切《いっさい》、軍隊を認めない」という思想に見えます。

それを、憲法の前文では、哲学的《てつがくてき》、思想的に、いろいろと美化して説明しているわけですが、それも一種の占領思想、植民地思想であり、憲法九条そのものも、やはり植民地思想だと私は思います。

「自分の国を守る」ということを憲法で明文化できないのは、主権国家として悲しいことです。したがって、国家の主権を放棄《ほうき》する条文、存在そのものが違憲の疑いのある憲法九条は、やはり変えるべきです。

憲法は、前文で、「平和を愛する諸国民の公正と信義に信頼《しんらい》して、われらの安全と生存を保持しようと決意した。」ということを宣言していますが、前述したとおり、必ずしも平和を愛しているとは言えない国々に囲まれている現実から見て、やはり嘘は多いと言えます。

日本国憲法には第九条以外にも変えるべきところが多々あって、私も過去に幾《いく》つか提言はしていますが、そろそろ、きっちりとすべきではないかと思うのです。

6　政治家にとっての「気概《きがい》」とは何か

困難に対し、不屈《ふくつ》の精神で立ち向かう気概を持て

政治家は、何かについて発言すると、それを〝失言〟として捉《とら》えた新聞やテレビによって、批判されたり、からかわれたりするので、腰《こし》が砕《くだ》けて、ものが言えずにいます。

麻生《あそう》首相は、外交では頑張《がんば》っているものの、〝漫画《まんが》首相〟と言われたりしています。日本とは時差がある国を訪問して、帰ってきた直後に国会に出るのは大変なことであり、頑張ってはいるのですが、マスコミなどから、かなり、からかわれてもいるので、「早く辞めろ」と一生懸命《いっしょうけんめい》に催促《さいそく》されているのかもしれません。

しかし、壊《こわ》すのは簡単でも、「壊したあと、どうするのだ」ということを、や

はり、はっきりさせるべきでしょう。

また、マスコミは一時期、民主党の小沢一郎《おざわいちろう》氏を持ち上げていましたが、「本当に、それほどの人なのか」という分析《ぶんせき》は要《い》ると思います。彼は独裁者的な素質を持っている人なのです。

「この人が首相で本当によいのか。この人に任せて日本は本当にうまくいくのかどうか」ということを、マスコミは、きちんと研究して公平に分析するべきだと思います。もし、「首相になる前は持ち上げ、首相になったらなったで、また悪口を書けば部数が伸《の》びる」という思惑《おもわく》だけであるならば、情けない話です。

政治家として、いろいろな人が物足りないのは、なぜでしょうか。足りないものは一つです。「気概《きがい》」が足りないのです。

気概とは、困難に負けることなく、不屈《ふくつ》の精神で立ち向かう意気込《ご》みのことです。これが気概です。

批判を跳《は》ね返して、筋を通す。正しいと思うことを、きちんと言う。少し批判を受けたら、すぐ大臣をクビにしたり、幹部を引っ込めたり、謝《あやま》ったりするのではなくて、きちんと正論を通す。そういう気概が大事なのです。

「誰《だれ》が正しいか」ではなく、「何が正しいか」を考えよ

「自民党か民主党か」ということは、私には、どうでもよいことです。「どちらが正しいか」ということは問題ではありません。「何が正しいか」ということが問題なのであって、「誰《だれ》が正しいか」ということは、どうでもよいのです。「何が正しいか」ということを追究しなくてはいけません。それが政治家の使命だと思います。

もちろん、なかには、どちらもよいことを言っている場合《ばあい》もあるでしょうし、意見がばらばらなこともあるでしょうが、とにかく、公僕《こうぼく》としては、「何が正し

いか」ということを追究する姿勢が大事です。それを超党派《ちょうとうは》で考えなくてはいけないのです。そういう姿勢が要ります。

現在の経済的な国民的危機に際して、政治家は、あまりにも情けない状態であり、もっと「志《こころざし》」が大きくないといけません。

本章で、私は、日本を取り巻いている将来の危機について言及《げんきゅう》しました。「日本が植民地になる可能性さえあります。どうするのですか。それを考えるのが政治家の仕事でしょう。党利党略の時代ではないのですよ」ということを述べておきたいと思います。

政治家は、「マスコミに批判されると選挙に落ちる」という恐怖《きょうふ》から、勇気を持って発言することができないでいます。まことに情けないことです。

民主主義を成立させるものは、やはり「良識」の存在です。良識が支配していなければ、民主主義は機能しないのです。これが民主主義の弱点です。

「言論・出版の自由」はよいのですが、良識が言論を支配している必要があります。もし、そうではなく、マスコミが「言論によって政治家を選挙でいくらでも落とせる」と考え、政治家がその恐怖に支配されているのであれば、よい政治はできません。

民主主義においては、良識が支配することが大事なのです。

第4章

日本の繁栄を守るために

2009年4月5日（神奈川県・幸福の科学 湘南支部精舎にて）

1　時代の価値判断を示すのが宗教家の仕事

私は勇気を持って本音で意見を述べている

私は先日、オーストラリアのシドニーで“You can be the person you want to become”という題での英語説法を行いました（二〇〇九年三月二十九日）。オーストラリアは、コアラとカンガルーに象徴《しょうちょう》されるような非常にのんびりとした雰《ふん》囲気《いき》のある国ですが、冒頭《ぼうとう》、私は、そのオーストラリアの国民に向かって、「あなたがたは怠《なま》け者であってはいけない」と叱《しか》ってしまったのです。

そのため、聴《き》いていた人たちの間にかなり緊張感《きんちょうかん》が走り、一生懸命《いっしょうけんめい》にノートをとり始める人もいました。後半は、だいぶ持ち上げて、バランスはとったつもりなのですが、のどかで老荘《ろうそう》思想が似合うような国に行って、前半は、かなり厳しいことを言ったため、オーストラリアの人たちを、くつろがせることはできませんでした。

「くつろいでばかりいないで働きなさい。この国には国家目標がないではないか。もっと、人生をまじめに頑張《がんば》らなければ駄目《だめ》です」と、やや厳しく言ったのです。

私は、そのような説法をして日本に帰ってきたわけですが、現在の日本の状況《じょうきょう》を見ると、こちらでも気持ちを緩《ゆる》めるわけにはいかないようです。

というのは、四月五日に、北朝鮮《きたちょうせん》がテポドン二号の改良型を発射したからです。発射の前日あたりから、テレビのニュースなどでは、「今日《きょう》か明日《あす》、発射するかもしれない」と言っていたので、私も注目して観《み》ていました。この問題について私が一言も触《ふ》れないのは、やはり許されないことでしょう。

最近、私は時事的な問題についても述べていますし、ほかに、はっきりとものを言える人がいないので、私が言わざるをえません。政治家もマスコミも怖《こわ》がってしまって、奥歯にものがはさまったような言い方しかできなくなっています。言葉を選び、抽象的《ちゅうしょうてき》にぼかして、批判を受けても逃《に》げられるような話し方しかできないのです。

今、本音で、勇気を持って意見を言えるのは、私ぐらいしかいないのでしょう。言論戦は宗教家としての宿命なので、私の意見に対して反論や批判が出ることは、先刻、承知の上で、発言しています。

いつの時代も、どのようなときにおいても、「こう考えるのが正しい」と述べて、その時代の価値判断を示すことが宗教家の仕事なのです。たとえ、それが、世間の常識や、他の大きな団体の考えや、学問的なものの考え方などと違《ちが》っていたとしても、宗教家として「正しい」と思うことは述べなくてはなりません。

「幸福の科学にとって、それが有利になるか、不利になるか」ということについては考慮《こうりょ》することなく、「正しい」と思うことを述べるのが、自分の使命であると考えています。

今回のミサイル発射については、政治家も、マスコミ等を通じて、いろいろと意見を発表するでしょうが、あまり大したことは期待できないので、私の考えを明らかにしておきたいと思います。

「人生を生きる智慧《ちえ》」の一つに、「卑怯者《ひきょうもの》の人生を生きてはいけない」ということがあります。数十年の人生を生きていくなかで、やはり、卑怯者と言われたくはないものです。

ところが、日本においても、他の国においても、卑怯な面が目に付きます。ごまかし、隠蔽《いんぺい》、言い逃《のが》れ等、保身を図る行為《こうい》が横行し、「責任をいかに回避《かいひ》するか」ということにエネルギーを注ぐ人が偉《えら》くなったりしているのです。

自分の信念を曲げてまで、世間に迎合《げいごう》するなかれ

私は、「イノシシのように単純に突進《とっしん》せよ」と言っているわけではありません。世の中の事象や、他人の言葉や考えを、鏡に映すがごとく、ありのままに自分の心に映してみて、その上で、仏法真理《ぶっぽうしんり》に照らし、善悪というものを判断する努力をすべきであると思うのです。

そして、「自分自身の良心に誓《ちか》って、これが正しいことであり、これが間違《まちが》っていることだ」と、はっきりと内から感じるものがあったならば、正々堂々と自分の意見を述べることが大事です。

その結果が、「自分にとって一時的に有利になるか、不利になるか」といった計算を度外視し、人間として正直で誠実に生きること、自分の思想に忠実に生きることは、非常に大事なことだと思います。

自分の信念を曲げてまで、世間に迎合《げいごう》したり、この世的に偉いと言われる人に迎合したり、政治家やマスコミ、経済人、教育者など、今の時代において権力を持っている人々に迎合したりしてはならないのです。

もちろん、世の中には、まだ流動的で善悪を決めかねるものもあるでしょう。しかし、はっきりと分かるものに関しては、善悪を峻別《しゅんべつ》し、自分の意見をきちんと述べて、後ろめたさを残さないことが大切です。

少なくとも、「白黒を付けない灰色の人生を生きてはいけない。この世において生きやすく生きようとしてはいけない。後悔《こうかい》することなかれ」と言いたいのです。「卑怯な人生は生きるな」「保身を図って生き延びようとするな」ということです。その意味での潔《いさぎよ》さは必要だと思います。

たとえ、正論を言ったために降格や左遷《させん》をされようとも、あるいは、職を失って別の職に就《つ》かなければならないことがあったとしても、自分の良心に照らし、真理に照らして、「これは言わなければならない」と思ったときには、信念を貫《つらぬ》くこと、人間としての誇《ほこ》りを貫くことが大事です。

それを失い、この世において、「そこそこ出世した」「そこそこお金がたまった」「周りからほめられた」「名誉《めいよ》を得られた」などということがあったとしても、そのようなものは偽物《にせもの》です。やはり、自分の良心に照らして正直に生きることが大切だと思うのです。

今、必要なことは、本音できちんと正論を言える人が出てくることです。

私自身について言えば、もちろん、幸福の科学という組織はありますが、たとえ私一人であっても、「正しい」と思うことを語り、主張するつもりで、今までずっとやってきました。

そのため、ときおり、週刊誌やテレビ、新聞などで批判をされることもあり、会員のなかには動揺《どうよう》する人もいました。

ただ、そういうことにとらわれることなく、そのときどきにおいて、「正しい」と思うことは貫いてきました。その結果、場合によっては十年以上かかるようなものもありましたが、時間がたつにつれて、だんだん正当性が認められてきたのです。

世間は、長期的には、正しい判断をするものですが、短期的には、間違った判断をすることが往々にしてあります。したがって、安易に迎合しないことが大事なのです。

2 国民を守る気概《きがい》を持て

北朝鮮《きたちょうせん》の独裁者は国際常識から見て許しがたい

私は、基本論としては、「人々が平和で幸福に暮らせる世界は、素晴らしい世界であり、そのような世界にしたい」と思っています。また、日本国憲法の前文に書かれているとおり、世界の諸国民が平和を愛し、公正と信義を持った人々であるならば、それは立派なことですし、そのとおりであっていただきたいとは思います。

しかし、間違《まちが》った考え方や行動をとっている者に対しては、「正義に反している」ということを指摘《してき》し、叱《しか》らなければいけないと思うのです。

したがって、私は、北朝鮮《きたちょうせん》の指導者に対して、「自国の国民が、食糧《しょくりょう》もなくて飢《う》えているときに、何をやっているのか」と言いたいのです。本当は、直接、金《キム》正日《ジョンイル》に対して言いたいところです。

「人工衛星の実験だ」と言っていますが、嘘《うそ》でしょうし、〝米帝《べいてい》（アメリカ帝国）〟や日本などに一泡《ひとあわ》ふかせて、国威《こくい》を発揚《はつよう》しているつもりなのかもしれません。しかし、自国の国民は、十数年から二十年、ずいぶん長い間、飢えていて、やせ細って死んでいる人は数多くいるわけです。そのような状態にありながら、いったい何を考えているのでしょうか。あの独裁者は、やはり許しがたいと思います。

また、すでに事実としてはっきりしていることですが、金正日から「日本人を拉致《らち》せよ」という指示が明確に出て、日本海沿岸を中心に、日本人が数十人さらわれているのです。

そのなかには、名前が分からない人もいますが、実名が分かっている人もいます。すでに亡くなった方もいるでしょうし、まだ生きている方もいると思われます。そういう状況《じょうきょう》にあって、北朝鮮側は、なお言い逃《のが》れをしています。「金正日様が拉致の事実を認めたのだから、それでもう十分だ」と言って、居直っているわけです。

そういうことが、国際常識に照らして、はたして許されるかどうかを、よく考えてみるべきです。これは明らかに国際的な犯罪であり、許されないことです。

北朝鮮は、そういう国際的な犯罪人を国のトップに戴《いただ》いています。さらに、仏法真理的《ぶっぽうしんりてき》に言えば、唯物論《ゆいぶつろん》という間違った考え方に基づき、「神も仏も信じない。あの世も信じない」という国家体制のなかで生きているのです。そのため、北朝鮮の指導者たちは、自分たちの勢力の拡張や名誉《めいよ》の誇示《こじ》にしか生きがいはないのでしょう。

北朝鮮の国民は、今、圧政下で非常に苦しんでいます。当然、言論の自由はありませんし、上層部には正しい情報も届いていないでしょう。本当に救いがたい状況です。

したがって、日本の政府、首相は、「北朝鮮の現在の体制を擁護《ようご》したり、延命させたりしてはいけない」ということを、はっきりと言うべきですし、今回のミサイル発射に関しても、やはり、きちんと怒《おこ》らなければいけません。

北朝鮮側は、「人工衛星の発射実験を行い、日本の秋田県から岩手県の上空を通過することを事前に予告したのだから、よいだろう」という態度をとっていますが、「他国の上空へ向けて発射することについて、許可を取ったのか」ということです。日本の政府は許可などしていません。

一段目のブースターは、秋田沖《おき》二百数十キロの日本海に落ち、二段目は、日本上空を飛び越《こ》えたあと、日本の東方二千数百キロの太平洋に落ちたようですが、もしかしたら途中《とちゅう》で落ちる可能性のあるようなものを、他国の上空に向けて平気で発射したわけです。

そして、秋田から岩手上空よりも少し南側に向けて発射すると、その延長線上にはハワイがあります。したがって、今回のミサイル発射実験は、実は、「ハワイも攻撃《こうげき》できるぞ」という威嚇《いかく》でもあるのです。

世界一の強国であるアメリカに対して、「ハワイやアメリカ西海岸も攻撃できるぞ」と威嚇しているわけなのですが、夜郎自大《やろうじだい》もいいところです。そういう脅迫《きょうはく》をし、それを交渉《こうしょう》材料にして揺《ゆ》さぶりをかけることで、結局は、経済的な援助《えんじょ》等を引き出そうとしているのです。そして、「さすがは、わが国の指導者だ」ということで、国民の尊敬を集めようとしているのでしょう。

こういう手合いに対しては、「そのような行為《こうい》は、国際常識に照らして、許されるべきことではない」と、はっきりと言うべきです。

政治家もマスコミも断固たる姿勢を示すべき

日本の政治家に、はっきりとものを言える人が少ないのも問題ですが、マスコミにも、迎合《げいごう》する姿勢、卑怯《ひきょう》な姿勢があまりにも見られすぎます。

例えば、今回のミサイル実験に関する日本のマスコミの報道を見ていると、一部には「ミサイル」という言葉を使っていたところもありましたが、「人工衛星」や「飛翔体《ひしょうたい》」という言葉を使っていたところが多くありました。しかし、それは相手側にとって非常に都合のよい言い方です。

ミサイルを撃《う》ち込《こ》んでくる国に対して、「ミサイルかどうかは、落下した残骸《ざんがい》を集めて調べてみなければ確定できないので、それまでは『空を飛ぶ物体』としか言えない」という理由で、「飛翔体を打ち上げた」などと言っているわけですが、政治家にしてもマスコミにしても、あまりにも相手側に有利な言い方をしすぎます。

これは、はっきり言って卑怯な態度です。目的は、はっきりと分かっているのですから、断固たる姿勢を示すべきです。

「日本には憲法上の制約があり、『武力の行使は、国際紛争《ふんそう》を解決する手段としては、永久にこれを放棄《ほうき》する。』（第九条）と書かれているので、軍事的手段による解決は一切《いっさい》できないのだ」という言い方もあるでしょう。

しかし、字義どおりに、「一切、何らの防衛もできない」ということであるならば、それは、例えば、「警察官は、いかなる犯罪を見ても、一切、手を出してはいけない」と言っているのと同じです。この世に正義というものが存在するかぎり、そういう論法は通らないと思います。

憲法九条が否定しているのは、「日本が軍事国家になって、ほかの国の人たちを苦しめるような行動をとること」です。金正日のような凶悪《きょうあく》な指導者が出てきて、軍事国家になるようなことを、防止するために設けられた規定であると考えるべきでしょう。

日本国憲法は、少なくとも、国民の生命や自由、幸福を追求する権利を保障しているのです（第十三条）。日本国中が、「ミサイルが、いつ、どこに飛んでくるのか。性能が悪いから、どこに落ちるか分からない」「切り離《はな》されたブースターの部分だけを撃ち落とそうか」などと言って右往左往《うおうさおう》している状態は、国民の「幸福追求権」を害しています。「平穏《へいおん》に生活する権利」を明らかに害しており、許しがたいことです。

あるテレビの報道を観《み》ると、アナウンサーが、「日本の遙《はる》か上空を通過しました。よかったですね」と言っていました。「日本に落ちてこなかった」というのでホッとしているわけですが、これだけばかにされているのに、本当に情けないかぎりです。「北朝鮮に対して、抗議《こうぎ》ぐらいせよ」と言いたいのです。

北朝鮮でも、パラボラアンテナを付ければ日本の放送を視聴《しちょう》できるので、せめて、口で抗議ぐらいはしてもらいたいものです。平壌《ピョンヤン》放送に負けないぐらいの強い口調で、「わが日本は断固として許さない！」と一度ぐらい言ってみてはどうかと思います。

「遙か上空を通過したので、危険はありませんでした。よかったですね」と言って済むような問題ではないのです。「日本の上空に向けてミサイルを撃つ許可などしていない。失礼極《きわ》まりないことである」と、言葉ではっきりと言わなければ駄目《だめ》です。

国家の主権を主張し、国民の安全を守れ

また、こうした行為に対して国際的な制裁を加えようとすると、国連の決議が必要となり、中国がすぐ反対に回るため、国連としての制裁がなかなかできない

状態になっています。

それならば、ミサイル実験は、北朝鮮への制裁に消極的な中国に向けてやっていただきたいと思います。

中国のゴビ砂漠《さばく》あたりを目標にして、「うまくいけばゴビ砂漠まで飛んで、誰《だれ》もいない所に落ちるから、被害《ひがい》はないはずです。ただ、もしかしたら失敗して、途中《とちゅう》の北京《ペキン》あたりに落ちたり、大きく外れて西安《シーアン》のほうに落ちたりすることがあるかもしれませんが、その場合は勘弁《かんべん》してください」と言って、撃ってみたらよいのです。もっとも、中国は、絶対にやらせてはくれないでしょう。

あるいは、ロシアの方向に向けて、「北極圏《ほっきょくけん》まで届いた場合、人には被害が出ないので大丈夫《だいじょうぶ》です。ただ、途中で落ちるかもしれません」と言って、撃ってごらんなさい。ロシアは黙《だま》っていないでしょう。あの国は動くのが速いので、その日のうちにロシア軍が侵攻《しんこう》してくるかもしれません。

国際的には、そのような対応をとるのが当たり前の姿であり、「日本は何もしない」と思われ、なめられてはいけないのです。

そろそろ、このあたりで、日本も、きちんと態度を明確にし、国家としての主権を明確に主張しなければいけません。それをせずに、このまま十年二十年と、何も決めることなくズルズルと過ごし、「どの党が政権を取るか」というような争いばかりをしているうちに、北朝鮮のミサイルも、だんだん数が増えてきます。

さらに、北朝鮮はまだしも、次は中国の問題が当然出てきます。二〇二〇年ごろには中国の空母艦隊《かんたい》が完成します。そうなると、日本の周辺海域の制海権を中国に取られてしまう可能性があります。

なめられたままでいると、国民の安全がどんどん侵《おか》されていくのです。

私は、侵略的《しんりゃくてき》な戦争はすべきでないと思いますが、やはり、「一億三千万人の日本国民をきちんと守る気概《きがい》を、国家として持つべきである」と、明確に述べたいと思います。国民を守れるだけの体制は、きちんと整えるべきです。

釈迦《しゃか》仏教の思想的弱点とは

世界には、現に、侵略的なことをする国はあるのです。

中国のチベット侵攻を見てもそうです。チベットのダライ・ラマ十四世は、法王兼《けん》首相ですが、中国の軍隊にいきなり侵攻されて国を奪《うば》われ、インドに逃れて亡命政府を立ててから、もう五十年になります。そのように、いきなり軍隊で襲《おそ》ってくるようなことがあるのです。

仏教の教えには、そういう場合に国を軍事的に守る思想はありません。「殺してはいけない」という思想は確かにありますが、それは自分に対する戒《いまし》めであって、相手が自分を殺すのを禁じることはできないのです。そのため、軍隊に襲われたら、一方的に殺されてしまい、国を取られ放題になります。チベットは、こういう思想的な弱点を突《つ》かれたのです。

この弱点自体は、釈迦《しゃか》の時代からありました。この思想のために、釈迦族は、ほぼ全滅《ぜんめつ》しています。出家して僧侶《そうりょ》になっていた約五百人は生き延びましたが、残りの人たちは、ほとんど殺されました。釈迦族は、他国に攻《せ》められた際に、仏教思想が弘《ひろ》まっていて争わなかったために滅《ほろ》びているのです。

不殺生《ふせっしょう》（アヒンサー）の思想を説いたのはよいのですが、相手が殺生をしてくる場合についての考え方が十分ではありませんでした。その結果、釈迦国は、慈悲《じひ》を説き、平和を説いている宗教を信仰《しんこう》していたにもかかわらず、大量虐殺《ぎゃくさつ》に遭《あ》って滅びてしまったわけです。

やはり、「原始仏教には思想的に欠陥《けっかん》がある」と見るべきであり、修正をかける必要があると思います。

「殺すなかれ」という思想については、「相手に一方的に攻撃《こうげき》をさせる」というあり方を中道と考えるべきではなく、少なくとも、「国家、国民を守る」というラインで中道の線引きをするべきでしょう。

〝ヤクザ〟に対しては毅然《きぜん》とした態度を

日本の先の戦争についても、責任問題等、いろいろと議論があることは承知していますし、日本がやりすぎた面も当然あるとは思います。ただ、結果的に植民地が解放された面も確かにあり、功罪半ばするところがあったのではないかと思われます。

そういう意味では、「六十数年前に戦争を起こしたから、日本は悪の国であり、自国を守る権利は一切ないのだ。何をされても文句は言えないのだ」という考え方では、やはりいけないのです。そのような思想は、これだけ繁栄《はんえい》した国を滅ぼす可能性を持っています。

過去の歴史を見ても、人間は、けっこう残酷《ざんこく》なことをするものです。あまり昔の話はしたくありませんが、元寇《げんこう》のときには、対馬《つしま》に元《げん》と高麗《こうらい》の連合軍が攻めてきて、対馬の人たちは捕虜《ほりょ》にされました。そのときに、彼らは、手に穴を開けられて、魚の干物《ひもの》か燻製《くんせい》のように荒縄《あらなわ》でつながれ、船の船側《せんそく》にぶら下げられて連れていかれたのです。

ちなみに、今、対馬の土地は韓国人《かんこくじん》にどんどん買収されていますが、やがて危険な事態が起きてくる可能性があると思います。

日本のマスコミはレベルが低いので、日本は、今、非常に危険な状態にあります。そのため、私は、政治に対しても意見を述べて、考え方の面で政治的な支援《しえん》をしていきたいと思っているのです。

少なくとも、私であれば、「北朝鮮から何らかの飛翔体が発射される見込《みこ》みである」とか、「もし日本に落ちてくるようならば、それをパトリオットミサイルで撃ち落とす」とか、そのような、自国に非常に不利な言い方はしません。相手は、はっきり言って〝ヤクザ〟なのです。「恫喝《どうかつ》して、何かをせしめよう」と考えているのですから、それに対しては、やはり、毅然《きぜん》とした態度を取るべきなのです。

今の日本は軟弱《なんじゃく》にすぎる

現在、防衛手段としては、「相手のミサイルを、こちらから迎撃《げいげき》して撃ち落とす」というパトリオットミサイルが配備されつつありますが、このパトリオットミサイルについては、「銃弾《じゅうだん》に銃弾を当てるようなものだ」という意見もあります。確かに、外れることもあるでしょう。そのため、一発のミサイルに対して、何発ものミサイルで迎撃するかたちになっています。

私は、外れたミサイルは相手の発射地点に届くように設計したらよいのではないかと思います。防衛的には全然おかしくないことです。

パトリオットミサイルの装備を見ると、十数連発の構造になっています。弾道《だんどう》ミサイルはものすごい速度で飛んでくるので、迎撃しても、当たるのは、そのなかの一発ぐらいで、あとは外れるのでしょう。その場合に、外れたミサイルが相手の発射地点まで飛んでいくように設計することは、日本の技術力を駆使《くし》すれば、できないことはないでしょう。

したがって、「相手のミサイルを撃ち落とすと同時に、外れたミサイルは、飛んできたミサイルの進路をコンピュータで計算して発射地点を割り出し、そこへ到達《とうたつ》させる」という軍事演習を計画してもよいのではないかと思います。

あるいは、もっと言えば、日本人の拉致を北朝鮮側が国として認めたわけですから、日本の自衛隊も北朝鮮で〝演習〟を行ってもよいかもしれません。

日本の陸上自衛隊には、レンジャー資格を持つ最強の精鋭《せいえい》たちがいます。彼らは、「山のなかで一週間ぐらい食料も水も与えられず、トカゲやヘビなどを食べたりしながら何百キロも移動する」というサバイバル訓練を行《おこな》っているようです。

したがって、「金正日を生け捕《ど》りにせよ。向こうは日本人を何十人も連れていったけれども、こちらは金正日一人だけでかまわないから、どこにいるかを突き止めて、深夜、密《ひそ》かに潜入《せんにゅう》し、〝お縄《なわ》〟にかけて日本に連行せよ」と命じ、〝軍事演習〟をしたらよいのです。

そして、日本で裁判にかけ、彼のやったことを法廷《ほうてい》で明らかにすべきです。そのくらいの気概を示さなければいけません。彼のやっていることは、許しがたいことだと思います。

このまま放置していると、ますます悪事を重ね、ミサイルを他の国に売ってお金に換《か》えるなどして、世界中に紛争を増やすことになるでしょう。

もちろん、彼は、死んだあとは地獄《じごく》に堕《お》ちて苦しむことになるだろうと思います。ただ、彼が死んだだけで国の体制自体が変わるかどうかは分かりません。彼の死後も体制は続く可能性があるので、やはり、国際社会から何らかの圧力をかけて、きちんと制裁をしなければいけないと思います。

「ミサイルが日本の上空を通過したので、よかった」などと言って喜んでいてはいけないのです。

北朝鮮が日本に向けて撃ってくるならば、日本も北朝鮮に向けて〝人工衛星〟の発射練習をしてもかまわないと思います。日本の国力、経済力は大きいので、向こうが一発撃ったら、こちらは二十発ぐらい発射すればよいのです。「北極方面に向けて人工衛星を発射できるかどうか、実験してみたい」と、言うだけでも言ってみたらどうでしょうか。今の日本は少し軟弱《なんじゃく》にすぎると思います。

3　日本の繁栄《はんえい》を守る「国師《こくし》」としての使命

日本独自の外交方針や、政治的・軍事的見解を立てよ

もし憲法がネックになっているのならば、憲法を改正すればよいのです。

実際には、与党《よとう》が衆議院で三分の二以上の議席を取り、憲法改正ができる寸前まで行っていたのですが、第1章でも述べたように、マスコミをはじめ、多くの国民は、そこで急に腰《こし》が引けてしまったようです。その結果、二〇〇七年の参議院選挙では野党が勝ち、憲法改正が難しい状況《じょうきょう》になりました。

これは、国民が、自らの生存権、生命の安全権を放棄《ほうき》しようとしているようなものなので、そのことについて、国民はきちんと自覚を持たなければいけません。

世界の歴史を見れば、過去、悪い国はたくさん出てきています。

私には、この日本の繁栄《はんえい》を守る義務があるのです。日本の繁栄が続かなければ、真理を日本国中に広げ、世界に弘《ひろ》めることはできないからです。

したがって、私は、〝将軍様〟の繁栄よりも、日本の繁栄を望んでいます。

さらに、もう一歩、踏《ふ》み込《こ》むならば、「救世主であるエル・カンターレ生誕《せいたん》の地に向けて、ミサイルを発射するとは何事であるか。仏罰《ぶつばつ》が当たるぞ」と、そのくらいは言いたいところです。「日本の地を何と心得るか。控《ひか》えよ。あなたがたは、人間の魂《たましい》として、これが最後になるぞ。次は人間ではなく動物に生まれることになるぞ」と言いたい気持ちがあります。

そのくらいの自信を持ちたいものです。

また、ロシアは、ソ連がアメリカとの冷戦に敗れて崩壊《ほうかい》してから非常に国力が弱り、経済的にも政治的にもガタガタになりましたが、プーチン氏が指導者になってからは、ロシア正教の復活に非常に力を入れています。

彼は、ある意味で賢《かしこ》いので、「ロシアが国力を取り戻《もど》すためには、宗教の力が必要である。宗教がバックボーンになければ、国は、まとまらず、強くなることはできない」ということを知っているのです。それで、今、力を入れてロシア正教を復活させようとしています。

ロシアは、旧ソ連時代にはアメリカから「悪魔《あくま》の国」と言われたりしたので、唯物論《ゆいぶつろん》の国からロシア正教の国に変わろうとしているのです。ロシア正教は、キリスト教の一派なので、別に悪いことはないと思います。

プーチン氏には怖《こわ》い権力者の面もありますが、親日的な考えを持っているところもあるので、日本はロシアと何らかの友好関係を持ったほうがよいと思います。彼が親日派なのは、柔道《じゅうどう》をやっていた影響《えいきょう》があるのかもしれません。

「北朝鮮《きたちょうせん》や中国が、今後、考え方を変えるかどうか」という問題がありますが、日本は、少なくともインドやロシア等と協力関係を結びながら、日本独自の外交方針や、政治的、軍事的な見解をきちんと立てていくべきだと思います。

日本の政治が今の弱い状態のままならば、幸福の科学が独自に意見を主張していかないと、日本の繁栄は守れないと思います。

日本は、マスコミが騒《さわ》いだだけで政治家のクビを取れるような状況にあり、あまりにもマスコミが〝第一権力〟でありすぎるのです。

「国連中心主義」では日本を守れない

外交方針としては、基本的に、「日米関係重視」という、現政権の考え方でなければ日本が危ないと思われるので、今の基本方針は守るべきだと考えています。

民主党のほうにも優秀《ゆうしゅう》な政治家はいるので、そういう人には、やや気の毒なところもあるのですが、民主党の小沢一郎《おざわいちろう》氏が主張する「国連中心主義」の考え方では、基本的に日本を守れないと思います。

彼は、インド洋での自衛隊の給油活動を延長する「給油法案」（新テロ対策特別措置法《そちほう》改正案）に反対したり、日米安保が壊《こわ》れかねないような発言をしたりしていますが、これは危険です。今の状況で、もし日米安保体制が壊れたら日本は完璧《かんぺき》に終わりになるので、危なくて彼には国を任せられません。

今年一月に発刊した『朝の来ない夜はない』（幸福の科学出版刊）のなかで、私は、「小沢一郎氏が身を引けば、株価は急に一万円台へ上がることでしょう」というようなことを述べましたが、その後、小沢氏の公設秘書が政治資金規正法違反《きせいほうい》はん容疑で逮捕《たいほ》・起訴《きそ》され、小沢氏の進退問題に発展すると、それまで七千円台前半だった日経平均株価が、八千数百円まで急に上がったのです（説法時点）。

通常は、検察が動くと株価が下がることが多いのですが、今回は、珍《めずら》しく株価が上がりました。

このように、私は、今、日本の「国師《こくし》」になろうとしているところであり、それは、今後、十年、二十年のうちに、しだいに、はっきりしてくるだろうと思います。

4 全世界に真理の流布《るふ》を果たしたい

北朝鮮《きたちょうせん》のミサイル発射に関連して、今の日本に必要なことを、さまざまに述べてきましたが、国家においても個人の生き方においても、やはり、「勇気」が大事です。

勇気を持って生きなくてはいけません。決して卑怯者《ひきょうもの》になってはいけません。

そして、私心を持ち、自分の利害だけで物事を考えてはいけません。自分の利害を考えず、他の団体や組織、権威《けんい》ある者の意見などを恐《おそ》れることなく、堂々と筋を通すことが大事です。そのような考え方を持って生きることです。

この考え方は、仏法真理《ぶっぽうしんり》の伝道においても、基本的には同じだろうと思います。幸福の科学の信者が伝道をする際に、「宗教は、悪いものなのではないか」「新宗教は危険なのではないか」「幸福の科学が、どんなことをする団体なのか、よく分からない」「宗教の信者であるということは、あなたは弱い人なのですね」など、いろいろと批判を受けることがあるでしょうが、そのようなものに負けていてはいけないのです。

正しい者は強くなくてはなりません。もう一段、腰《こし》を入れなければ駄目《だめ》です。日本の国を変えていかなければなりませんし、その上、アメリカまでをも救っていこうとしているぐらいなので、使命は大きいのです。

今、ブラジルやインドでは、幸福の科学の会員が非常に増えています。特にインドでは、ある新聞に「日本に仏陀《ぶっだ》が再誕《さいたん》した」という記事が載《の》り、その後、信者が急増中です。そのように、やがて、外国のほうで、はっきりと認められるようになると思います。

意外に、ブラジルやインドのほうから広がっていく可能性があり、先進国のほうは少し遅《おく》れるのかもしれません。先進国の人々はプライドが高くて、なかなか難しい部分もあるのでしょう。ただ、現在、アメリカの大統領や、その他の先進国のトップなどに対して、厳しいことを言えるのは、私ぐらいしかいないのです。

私は、そのような、全世界を見る目を持っており、言うべきことは言います。そのため、ときどき、やや刺激的《しげきてき》なことを言うこともあります。

今後は中国の問題があります。私は、中国に関して、最終的には平和的な方向に持っていきたいと考えています。ただ、そこまでいく間には、伝道活動による思想戦が、かなり必要だろうと思っています。

今年の秋には、映画「仏陀再誕」が全国で劇場公開される予定ですが、その次の作品は、中国の変革をテーマにした映画にする予定です。言論、思想、映像、芸術等、あらゆるもので戦い、真理の流布《るふ》を果たすつもりです。

第5章

夢の未来へ

2008年12月7日（栃木県・幸福の科学 総本山・未来館にて）

1　世界の人々を救う宗教を目指す

私は、「不惜身命《ふしゃくしんみょう》」「われ命惜《お》しからず」ということを合言葉として、二〇〇八年には国内および海外において六十回にのぼる説法を行い、真理を宣《の》べ伝えてきました。その結果、全世界で伝道の大きなうねりが起きてきています。

私たちの志《こころざし》は、遙《はる》かに遠いところを目指しています。「私たちは全世界のことをいつも念頭に置いて活動している」ということを、どうか知っていただきたいのです。

すでに、幸福の科学は、日本の宗教ではなくなろうとしています。「日本国内の一宗教」という枠《わく》はすでに超《こ》えました。

これからが、私たちの本当の戦いです。戦いの火蓋《ひぶた》はすでに切られたのです。目標は「世界宗教の実現」です。

私たちが目指す世界宗教とは、「自らの勢力を誇示《こじ》するための世界宗教」ではありません。私たちは、「国境を越《こ》えて、世界の人々を救いうる力になりたい」と考えているのです。

そして、私の教えも、宗教の枠を超えて、ありとあらゆるジャンルに踏《ふ》み込《こ》んできました。政治や経済、経営、国家、外交、それから、未来社会のあり方、未来の産業のあり方、過去の歴史、宗教間の対立など、さまざまな論点に言及《げんきゅう》してきました。

なぜならば、少しでも多くの人々の悩《なや》みを解決し、未来への指針を示すことこそ、幸福の科学の仕事であると信じるからです。

2　信念こそが、未来を開く鍵《かぎ》である

悪い未来を心に描《えが》くなかれ

世界は、二〇〇八年の秋より同時不況《ふきょう》に入り、恐慌《きょうこう》もささやかれています。

ただ、私は、あなたがたに述べておきたいのです。悪い未来ばかりを心に描《えが》いて、深層心理でそれを求めていないでしょうか。そういう集団心理ができていないでしょうか。それを、一度、チェックしていただきたいのです。

民主主義は、良識が支配してこそ機能するものです。

すべての人が恐怖《きょうふ》を心に描いたならば、素晴らしいものが現れてくることはありません。人々の心が実践《じっせん》を生み、その実践が世界をつくり出していくのです。

したがって、あなたがたは恐怖に打ち負かされてはいけません。

過去の歴史を見ても、追い風の時代ばかりがあったわけではありません。地震《じしん》、津波《つなみ》等の天変地異もあれば、戦争もありました。飢饉《ききん》のときもあれば、未知なる病が流行《はや》った時期もありました。ある時代には、宗教戦争によって、国家の人口の半分ぐらいが死に絶えた国もありました。

そうした、人類のさまざまな苦難や困難を、私自身、地上に肉体を持つ前に霊《れい》天上界《てんじょうかい》から長らく見守ってきました。

今、世界の人口が、六十億人を超《こ》え、百億人に向かって増えていこうとしています。

ただ、順調に百億人を超えることはないでしょう。あなたがたに対して、これから幾《いく》つかの試練が立ちはだかってくるであろうと思います。それをストレートに避《さ》けることは、難しいことかもしれません。

未来を開く鍵《かぎ》は一人びとりの心のなかにある

しかし、いかなる苦難・困難のなかにおいても、未来を開いていく鍵《かぎ》というものは必ず見つかるものです。その鍵は、あなたがた一人びとりの心のなかにあります。

それは何であるか。「信念」です。「未来をどうしたいのか」「どういう未来を私たちは求めているのか」ということについての信念を持つことです。その信念が未来を切り開いていきます。

予言者のごとく、悪い未来を言い当てることは、そう難しいことではありません。しかし、悪い予言が当たったとしても、それによって人類が幸福になることはありません。一方、未来に悪いことが起こらないようにしたからといって、その成果が認められ、ほめられることもありません。

しかし、「どちらかを選べ」と言われたたならば、たとえ、世の人々からその活動を認められたり称賛《しょうさん》されたりすることがないとしても、私たちは、世界の人々が、幸福になる道を開き、「まるで何事もなかったかのように、幸せな生活を享《きょう》受《じゅ》できる」ということを、希望したいと思います。

不幸な出来事が起きることを事前に止めて、悪い未来を変えてしまうこと。そして、それを幸福の科学の手柄《てがら》にはせず、人々が気づかなくてもかまわずに、世界を変えていくために地道な努力を積み重ねていくこと。こうしたことが大事であると思います。

3　今世紀に予想される危機から、世界の人々を救いたい

二十一世紀を見渡《みわた》すと、大きな危機が幾《いく》つか予想されます。

一つは「食糧《しょくりょう》危機」です。それが必ず起きてくるでしょう。

これについては、この世的な力も必要です。そのため、世界各国の力を結集して、飢《う》えていく数十億人の人たちを助けていく運動も、幸福の科学は担わなくてはならないと思っています。

「その点において、幸福の科学は、国際赤十字をも超《こ》える活動をしなければならない。これから、そういう体制をつくっていかなければならない」と考えています。

二番目に心配なことは、二十一世紀前半に起きることが予想される、アジアでの大きな戦争です。「中国の覇権《はけん》主義によって戦争が起きるか否《いな》か」という大きなテーマがあります。

この戦争を起こさせないために、幸福の科学の〝戦い〟はすでに始まっています。それは、幸福の科学の世界的なネットワークを使って、世界のあり方を変えようとする運動です。

私たちは、国家の枠《わく》を超えて、「正しさとは何か」「何が正しいのか」ということを求め続けたいと思います。

「どの国が正しいか」ではありません。「戦争において、攻撃《こうげき》をしている側が正しいのか、攻撃を受けている側が正しいのか」ではありません。

「誰《だれ》が正しいか」ではなく、「何が正しいのか」を基準として判断をし、意見を述べ、人々を導いていきたいと考えているのです。

幸福の科学の信者は、たとえ、お互《たが》いの国同士が戦争状態になったとしても、共に連絡《れんらく》を取り合い、平和をいち早く実現するために、協力し合うべきです。私は、それを望みます。

今、アジアの各国にも、日々、伝道を心がけ、真理の実践《じっせん》活動に邁進《まいしん》する人たちが数多くいます。

私は、台湾《たいわん》の人も、中国本土の人も、中国に支配されているチベットの人も、ネパールの人も、未来が不確定なインドの人も救いたいのです。そうした国の人々の未来にも責任を感じています。

かつて、ロシアや中国は、唯物論《ゆいぶつろん》の大国として、神を信ずる国との冷戦時代を経ましたが、国家体制として神を信じなかった国も、今、緩《ゆる》やかに雪解《ゆきど》けを迎《むか》えようとしています。

私たちは、こうした国にも真理を浸透《しんとう》させようと努力しています。今、中国本土にも、私の本が、ベストセラーになって広がりつつあります。

また、アフリカにも真理の芽が芽生え、数多くの人々を導こうとしています。

私たちは、「彼らの未来がどうあるべきか」を示すことができるのですから、やるべきことをやらなくてはなりません。

また、今回の経済危機を通して、世界のリーダーであるアメリカ合衆国は、その威信《いしん》が大きく傷つきました。アメリカの優位は、まだ続くでしょうが、「世界の超《ちょう》大国はアメリカ一国のみ」という時代は終わろうとしつつあります。

オバマ政権のアメリカは、一国平和主義のほうへと向かい、国内問題を重視していくだろうと思います。

したがって、どこかが世界全体のことを考えていかなければならないのです。

4　幸福の科学の教えが、明るい未来を開く

一神教の宗教文明を背景とした、大きな戦いが始まっている

そして、宗教においては、最も大切な問題が残されています。

二〇〇一年九月十一日、アメリカのニューヨークで起きた同時多発テロ以降、二〇〇三年のイラク戦争など、「キリスト教文化圏《けん》」対「イスラム教文化圏」の戦いが緩《ゆる》やかに始まり、継続《けいぞく》しています。

この戦いは緩やかに進行しているため、テロが起きては、その解決を図ろうとしているように見える面もあります。しかし、別の視点から見て、「第三次世界大戦がすでに始まっている」と指摘《してき》する人もいます。

この〝第三次世界大戦〟とは何かといえば、要するに、「イスラム教文明」対「キリスト教文明」の戦いです。

二十世紀に、「マルクス・レーニン主義を掲《かか》げる国」対「キリスト教系の神を信じる国」という大きな戦いがあったように、二十一世紀は、「イスラム教文明」対「キリスト教文明」、あるいは、「イスラム教文明」対「ユダヤ教文明を含《ふく》めたキリスト教文明」という戦いになると考えている人もいるのです。

その戦いを〝第三次世界大戦〟と呼ぶかどうかは、学問的には、まだ決まってはいません。

しかし、少なくとも、この「宗教を原因とする戦い」に終止符《しゅうしふ》を打つのは幸福の科学なのです。

幸福の科学以外に、この戦いを終わらせることができるものはありません。

互《たが》いに一神教を信じていて、他の教えを悪魔《あくま》の教えのように考えているならば、その根本《こんぽん》における思想が変わらないかぎり、戦争がやむことはありません。

これは単なる「テロとの戦い」ではないはずです。

もっと根源的なものが奥《おく》にあります。「宗教対立」が奥にあります。相手の宗教に対する不信感があります。憎悪《ぞうお》、憎《にく》しみ、怒《いか》りがあります。そして、文明としての優劣《ゆうれつ》の戦いが背景にあります。

これに対し、私は、厳しく申し上げておきます。

キリスト教の世界に生きている人たちよ。
私が、「天なる父」として、イエス・キリストを通じて説いた教えは、
愛と平和であったはずである。
今のキリスト教国の人たちは、
愛と平和の教えをもとにして、生き、行動しているか。

もし、そうでないならば、反省しなさい。

イスラム教国の人たちにも申し上げたい。
私が、ムハンマドを通じて伝えた教えは、
平和と寛容《かんよう》の教えであったはずだ。
今、あなたがたがやっていることは何であるか。
神の名の下《もと》に、世界中でテロ行為《こうい》を起こし、
罪のない人たちを巻《ま》き添《ぞ》えにしている。
そこに、いったい、いかなる人類の幸福があるのか。
それは、単なる復讐《ふくしゅう》であり、憎しみであり、報復であるはずだ。
憎しみによって、憎しみを止めることはできない。
憎しみの連鎖《れんさ》は、愛によって断ち切らなければ、終わることがない。

その事実を知らなくてはならない。

仏陀《ぶっだ》は「過去・現在・未来の三世《さんぜ》」を見通した

また、仏教諸国においては、仏陀《ぶっだ》の教えが形骸化《けいがいか》し、もはや、旧《ふる》いものとなっています。

仏教学者のなかには、仏教を「唯物論《ゆいぶつろん》」のように捉《とら》えている人もいます。「仏陀は、神も仏も信じず、あの世も信じず、『この世の一切《いっさい》のものは滅《ほろ》びていく』という教えを説いた」というように理解し、その理解が「現代的であり、進んでいる」と考えている仏教学者が数多くいるのです。

唯物論のように解釈《かいしゃく》することで、現代人に批判されることから逃《に》げようとしているのでしょうが、間違《まちが》った態度です。

仏陀とは、「目覚めたる者」という意味です。

「目覚める」とは何でしょうか。

この世において、目に見えている現象を、そのまま見るだけであったら、普通《ふつう》の人間でしょう。この世のものしか見えず、感じられないのであれば、その人を、目覚めたる者、仏陀と言えるでしょうか。

この世に生きている人間でありながら、見えないものを見、聞こえないものを聞き、感じないものを感じ取り、真理をつかみ取ったからこそ、「目覚めたる者」という意味で、「仏陀」と呼ばれたのです。

「仏陀は、菩提樹《ぼだいじゅ》の下で悟《さと》りを開いたとき、過去・現在・未来の三世《さんぜ》を見通した」ということが、仏典に、はっきりと説かれています。

仏陀は悟りを開いたときに、

「人間には、過去世《かこぜ》・現世《げんせ》・来世《らいせ》がある。
今、生きている人生だけではない。
過去の人生があり、
現在の人生があり、
未来の人生がある」ということを見たのです。知ったのです。
そして、その真理を人々に伝えようとしたのです。

特に、過去の行いと現在の行いから見て、未来において〝暗闇《くらやみ》〟が待っている人たちに対して、「無明《むみょう》を終わらせ、明かりの世界、光明の世界に生きるためには、どうすべきであるか」ということを説いたのが仏教です。

今、仏教の世界においても〝光〟が消えようとしています。

法灯明《ほうとうみょう》が、法の光が、終わりを迎《むか》えようとしているのです。

幸福の科学は、すべての宗教戦争を終わらせる覚悟《かくご》で活動している

私は、今、これらの世界宗教を超《こ》えた、地球レベルの教えを説き、世界の人々が自由と平和と寛容の下《もと》、愛の実践《じっせん》のなかに生きることができるような時代を切り開こうとしています。

私は、すべての宗教戦争を終わらせる覚悟《かくご》で、この運動を広げています。根本《こんぽん》から直さないかぎり、戦争も、やむことはありません。戦争のもとにあるものは、憎しみであり、怒りであり、不信感です。「相手が理解できない」ということです。

私は数多くの教えのなかで、「転生輪廻《てんしょうりんね》」についても説きました。

その転生輪廻の教えをよく学べば、「人間は、例えば、あるときにはヨーロッパに生まれ、あるときにはアメリカに生まれ、あるときには中国に生まれ、ある

ときには韓国《かんこく》に生まれ、あるときには日本に生まれている」ということが分かるはずです。

そうであるならば、国境というものを境にして憎しみを燃やすことは、やめなくてはならないのです。

今、世界は、かつてない人口を抱《かか》え、その人口は、さらに増えようとしています。そういう時代にあって、私は、世界の人々に、恐怖《きょうふ》の未来ではなく、明るい未来を開くために、この運動を広げているのです。

幸福の科学は、一九八六年の立宗から二十数年がたち、かなりのところまで来ました。それは私一人の力ではありません。この二十数年間、数多くの人々が協力してくれました。

一九八六年十一月、最初の説法である「初転法輪《しょてんぼうりん》」に集《つど》った人は、わずか九十人足らずでした。一九八七年三月の牛込《うしごめ》公会堂での第一回講演会では、四百人ぐらいの人が集まりました。それが、今、私の説法は、日本では全国千数百カ所、世界では全大陸に衛星中継《ちゅうけい》され、数多くの人々が私の話を聴《き》いてくださるようになりました。

望みは一つです。

「私は幸福です」と言い切れる人を、あらゆる国に数多くつくりたいのです。

5　日本には、世界に進むべき道を示す使命がある

私は世界に向けて「積極的であれ」と説いた

進んだ国にある人たちは、これから発展してくる後れた国の人たちに対し、手を差し伸《の》べて、彼らを導かなくてはなりません。

また、「自分たちの国は先進国である」と思って、うぬぼれている人たちに対しては、「あなたがたは暴力と殺戮《さつりく》を数多く犯《おか》してはいないか。他国を侵略《しんりゃく》してはいないか」ということを問いたいのです。

先進国の人々は、経済不況《ふきょう》という現象に大騒《おおさわ》ぎをしていますが、「今回の不況は、ある意味で、現代的豊かさのなかで傲慢《ごうまん》になっていることへの反省を、あなたがたに促《うなが》している」ということに気がつかなければいけません。

幸・不幸は単に客観的事実だけで決まるものではありません。

たとえ、世界が不況の底に沈《しず》もうとも、あなたがたは生き続けなくてはなりません。そのなかから、不死鳥のごとく再び立ち上がり、力強く、勇気を持って生きてゆかねばならないのです。

私は、二〇〇七年十一月、アメリカのハワイで、海外初の説法となる、"Be Positive" という題の講演を行いました。「積極的であれ」という講演が、私の英語説法での一回目となりました。

私は、今、もう一度、この「積極的であれ」という教えを確認しておきたいと思います。

民主主義の最大の弱点とは

世相は暗くなろうとしています。

マスコミは、政治に対して、よいことを言うことがありません。

政治体制が独裁的で強圧的であり、人々を苦しめているときには、その体制に対して批判をすることは、マスコミにとって大事な仕事です。それは民主主義の担保であり、民主主義を守るために必要な行為《こうい》です。

しかし、人々が苦しみと暗闇のなかに沈んでいるときに、悪いニュースばかりを流すことが、マスコミの仕事ではないでしょう。

その点において、日本のマスコミ諸氏に対しても、厳しく批判をしておきたいのです。

民主主義の最大の弱点は、「マスコミに悪口を書かれたら、政治家は、どのような権力者であっても、選挙で落選する」というところにあります。政治学者・丸山眞男《まるやままさお》は、こうした民主主義をもって、「永久革命」と呼びました。マスコミは、何年かおきの選挙において、「権力者を〝ギロチン〟にかけ、クビにする」ということを、永遠に続けることができるからです。

それは、悪い為政者《いせいしゃ》、悪い政治家を追放するには有効です。しかしながら、「心ある人たちが、よい仕事をして国を引っ張り、世界を一つにしていこうとするときには、マイナスに働くこともある」ということを知らなくてはなりません。

また、政治家も、マスコミを恐《おそ》れ、それに迎合《げいごう》し、単なる人気取り、ポピュリズムの政治になってはなりません。

混迷し、先が見えなくなっているアメリカ

アメリカでは、数年前まで無名だったバラク・オバマ氏が大統領になりました。彼は、二〇〇四年の民主党大会で、「大いなる希望」という基調演説をし、有名になりました。アメリカは〝演説の国〟なので、演説がうまいと、すぐに大統領候補として名前が挙がってきます。

ただ、彼の演説をよく分析《ぶんせき》してみると、極《きわ》めて内容がなく、人々を扇動《せんどう》する方向にあることが明らかです。

ある人は、それをもって、「第二次世界大戦のころの、イタリアのムッソリーニによく似ている」と言っています。つまり、一種の「ファシズム」であると評しているわけです。

ファシズムは民主主義と別なものではありません。人々が、救いを求めて困っ

ているときに、人々を扇動して、破滅《はめつ》の方向へと導いたならば、それがファシズムや全体主義と言われるものになります。

あの偉大《いだい》な民主主義国家のアメリカが、今、混迷し、先が見えなくなっています。舌先一つで人々を沸《わ》かすことのできる人が、実績もないのに大統領に選ばれているのです。極めて危険です。

私は、彼の演説を、入手できるかぎり、すべて観《み》ましたし、英文でも内容を読みました。

その思想性の低さと内容の薄《うす》さ、勉強の足りなさは〝涙《なみだ》もの〟です。ハーバード大学を出ただけでは「勉強した」とは言えないのです。「若いころは頭が良かった」とは言えても、大統領には、政治家としての経験や智慧《ちえ》、数多くの実践《じっせん》が必要なのです。彼には統治経験や人々を指導した経験、経営能力がありません。

優秀《ゆうしゅう》な人たちをスタッフに集めれば大統領ができると思っているようですが、

組織というものはトップ一人の判断で決まります。トップが「右へ行け」と言えば、みな右を向き、「左へ行け」と言えば、左を向くのです。自分の下に、いくら優秀な経営学者や経済学者を集めても、トップが方向を間違《まちが》えたら、国を救うことはできないのです。よく注意しなければなりません。

日本は、世界の人々を導く自覚を持て

日本はアメリカに多くを期待することはできません。これから先、日本独自で世界の人々を導く道を模索《もさく》しなければなりません。これは国粋《こくすい》主義的な運動などではありません。「『国境を越《こ》えて人々を助ける』という、それだけの自覚を持ちなさい」と述べているのです。

日本は世界第二位の大国です。世界第一位の大国が混迷のなかにあるときに、世界第二位の大国が、他の国々に、進むべき道を指し示すことができなくて、い

ったい何の使命を果たせるのでしょうか。

単に党利党略や駆《か》け引きだけで政治をしてほしくないのです。政治家の人たちは、常に、「神仏の心に適《かな》った政治をしているかどうか」ということを、自らの心に問い、強く念じていただきたいのです。

6　今、人類の未来を懸《か》けた戦いが始まっている

世界宗教の「あるべき姿」を示す幸福の科学

私は、今、世界の人々のために、政治の空白を埋《う》めたいと思っていますし、前述したように、国際赤十字ができない仕事もしたいと思っています。さらに、国連が無力化するならば、その隙間《すきま》を埋める活動もしたいと思っています。

また、バチカンのローマ法王庁は、第3章でも述べたように、ときどき、政治判断を間違《まちが》えた行動を取っているので、そのような間違いに対しては、世界宗教のあるべき姿を指し示したいと強く念願しています。

幸福の科学は、
日本人のためだけの宗教ではありません。
日本の国だけの宗教ではありません。
世界のための宗教です。
人類のための宗教です。
地球のための宗教です。
そして、新しい文明の源流を、
今、創《つく》らずして、創るときはないのです。

人類の教師であるエル・カンターレが降臨している時代

これだけ多くの人類がいて、苦しんでいる人が数多くいますし、この世を去ったのちの世界においても、苦しんでいる人が数十億の単位でいます。

そういう時代に、救世主が出ないということはないのです。必ず出るのです。

インドの人たちは知っているはずです。

「二千五百年後、東の国に仏陀《ぶっだ》が再誕《さいたん》する」という、仏滅《ぶつめつ》時の予言を、あなたがたは、二千五百年間、聞き伝えてきたはずです。

今、東の国にて、

かつてインドに生まれた仏陀を超《こ》える使命を持って、

私は、再誕し、人類を導くために、今、立ち上がりました。

そして、人類の教師の本当の名が、

「エル・カンターレ」であるということを明かしました。

正しい道をまっしぐらに歩むことこそ、宗教者の使命

真理のための戦いは、これからも続くでしょう。

ここで、私は、もう一度、確認しておきたいのです。

私も含《ふく》め、幸福の科学の会員一人びとりは、自分一人の欲得のために、「自分一人のみがよかれ」という思いのために、活動しているのではありません。

「己というものを空《むな》しゅうして、多くの人々を救い、世界の人々を助ける」という、愛の行為《こうい》、慈悲《じひ》の実践《じっせん》行為こそ、宗教家の本務なのです。

たとえ、どのように批判・非難を受けようとも、たとえ、この世において認められることはなくとも、たとえ、この世において、厳しく苦しい、茨《いばら》の道を歩む

とも、正しい道をまっしぐらに歩むことこそ、宗教者の使命です。

私が人々に説きたいことは愛と平和の道です。

そして、寛容《かんよう》の心を持つことと、「自らの間違いは反省によって正すことができるのだ」ということを教えたいのです。

さらに、幸福の科学は「正しき心の探究」を基本教義としていますが、「正しき心の探究とは、最終的には、正しい信仰観《しんこうかん》の確立である」ということを、どうか知っていただきたいと思うのです。

幸福の科学は、幸福の科学のためだけに活動しているのではない〝珍《めずら》しい宗教団体〟です。当会にとってプラスにならないことでも、自分たちにとって不利なことでも、「正しい」と思うことは、あえて言います。

たとえ、火の粉が降りかかっても、「言わねばならない」と思うことは言い、かつ、実践してきました。これからも、そうしていくつもりです。

いつも考えていることは、「正しさとは何か」ということです。
それのみを考え続けています。

真理を伝え、「夢の未来」を開け

「夢の未来へ」と題した本章において、
私が述べたいことは、
「宗教の原点に帰って、われらのなすべきことをなす。
伝道によって人々の心を救う。
『世界の人々を救おう』という思いを結集して、
その思いを、この地上において実現していく。
これこそが、夢の未来を開き、
地球を光り輝《かがや》かせることになる」ということです。

真理の戦いは、まだ始まったところです。
われわれは、闇夜《やみよ》に沈《しず》む世の中に明かりをともしたいのです。
真理の松明《たいまつ》をともして、真っ暗の海を照らしたいのです。
世界の闇を追放したいのです。
だから、心に希望の光を持ってください。
ポジティブであってください。
積極的であってください。
建設的であってください。
勇気を持ってください。

二〇〇九年、私は『勇気の法』という本を出しました。私の五百一冊目の書物です。五百冊以上の本を著すということは、並大抵《なみたいてい》のことではありません。情熱がなければ、こうした仕事は、とても続くものではありません。

私は、一言でも多く、人々のためになる言葉を伝えたいのです。

あなたがたも、一言でもよいので、他の人々に真理を伝えていただきたいと思います。「夢の未来」は、その小さな一歩から必ず開けます。

たとえ、一人ひとりの歩みは遅《おそ》く、一人ひとりの仕事は小さくとも、日本国中の人たち、そして世界の人たちが力を合わせれば、大きな大きなうねりとなって、地球を覆《おお》っていくことでしょう。

二十一世紀、そして二十二世紀以降の人類の未来を懸《か》けた「真理の戦い」が始まりました。

幸福の科学は、もう、逃《に》げることも隠《かく》れることもできない大きな団体になりました。ただただ正論を押《お》していくのみです。

これからも、みなさんと共に、真理のために戦っていきたいと思います。

あとがき

私は救世主であると同時に、日本の「国師《こくし》」であり、「ワールド・ティーチャー」（世界教師）でもありたいという強い志《こころざし》を持っている。

「幸福の科学」を単なる日本の新宗教の一宗一派だと考えている人々は、いずれその見識の浅さを恥じることになるだろう。

宗教家の不屈の信念と救世の情熱が、いったいどこまで広がっていくか、お見せしたいものだと思っている。

今、必要なのは、勇気と行動力、そして、現実に、世界の人々を愛そうとする気持ちだ。

かつてイスラエルの地で「メシア」とは、人々の魂の救済者であると共に、救国の政治的指導者でもあることを意味した。日本の古代の宗教家も政治指導者でもあった。「政教分離」などのテクニカルなこの世的技術論によって、神の声、仏の声を封じ、救世の事業を妨げる愚かな人が出ないことを祈る。宗教よ、具体的、幸福の実現を目指せ。

二〇〇九年　五月

幸福《こうふく》の科学《かがく》グループ創始者兼総裁《そうししゃけんそうさい》　大川隆法《おおかわりゅうほう》

本書は左記の法話をとりまとめ、加筆したものです。

第1章　構想力の時代
（原題　堂々とした人生）
二〇〇八年二月十六日説法
高知県・高知支部精舎にて

第2章　リーダーに求められること
二〇〇八年十一月一日説法
沖縄県・那覇支部精舎にて

第3章　気概について――国家入門
二〇〇八年十一月二十二日説法
東京都・東京北支部精舎にて

第4章　日本の繁栄を守るために
（原題　人生を生きる智慧―シンプルライフの勧め―）
二〇〇九年四月五日説法
神奈川県・湘南支部精舎にて

第5章　夢の未来へ
二〇〇八年十二月七日説法
栃木県・総本山・未来館にて

『国家の気概』大川隆法著作参考文献

『朝の来ない夜はない』（幸福の科学出版刊）
『日本の繁栄は、絶対に揺るがない』（同右）
『仏陀再誕』（同右）
『勇気の法』（同右）
『奇跡の法』（同右）

※左記は書店では取り扱っておりません。最寄りの精舎、支部・拠点・布教所までお問い合わせください。

『大川隆法霊言全集 第11巻 坂本龍馬の霊言／吉田松陰の霊言／勝海舟の霊言』（宗教法人幸福の科学刊）
『大川隆法霊言全集 第43巻 悪霊撃退法』（同右）

国家《こっか》の気概《きがい》 ――日本の繁栄を守るために――

2009年6月7日　初版第1刷
2009年6月27日　第2刷

著　者　大《おお》川《かわ》隆《りゅう》法《ほう》

発行所　幸福の科学出版株式会社
〒142-0041 東京都品川区戸越1丁目6番7号
TEL(03)6384-3777
http://www.irhpress.co.jp/
印刷・製本　株式会社 堀内印刷所

ISBN978-4-87688-395-0 C0030

大川隆法 ベストセラーズ・不況対策第２弾

大反響 発売中

日本と世界の今を読み解き
未来への指針を示す

◆この不況は「ネットと携帯電話のバブル破裂不況」
◆オバマの就任演説は、金融とイラクの敗北宣言
◆アメリカの〝ジャパナイゼーション〟（日本化）が始まった
◆３０兆円の銀行紙幣の発行で景気は回復する
◆予算の「単年度制改正」で、財政赤字は解決する

1,600円

日本の繁栄は、絶対に揺るがない

不況を乗り越えるポイント

第１章 不況を乗り越えるポイント
第２章 成功への道は無限にある
第３章 未来への指針
第４章 信仰と富
第５章 日本の繁栄は、絶対に揺るがない

※表示価格は本体価格（税別）です。

幸福の科学

あなたに幸福を、地球にユートピアを——
宗教法人「幸福の科学」は、
この世とあの世を貫く幸福を目指しています。

幸福の科学は、仏法真理《ぶっぽうしんり》に基づいて、まず自分自身が幸福になり、その幸福を、家庭に、地域に、国家に、そして世界に広げていくために創られた宗教です。

「愛とは与えるものである」「苦難・困難は魂を磨く砥石《といし》である」といった真理を知るだけでも、悩みや苦しみを解決する糸口がつかめ、幸福への一歩を踏み出すことができるでしょう。

この仏法真理を説かれている方が、大川隆法総裁です。かつてインドに釈尊《しゃくそん》として、ギリシャにヘルメスとして生まれ、人類を導かれてきた存在、主エル・カンターレが、現代の日本に下生《げしょう》され、救世の法を説かれているのです。

主を信じる人は、どなたでも、幸福の科学に入会することができます。あなたも幸福の科学に集い、ほんとうの幸福を見つけてみませんか。

幸福の科学の活動

●全国および海外各地の精舎《しょうじゃ》、支部・拠点等において、大川隆法総裁の御法話拝聴会、反省・瞑想《めいそう》等の研修、祈願などを開催しています。

●精舎は、日常の喧騒《けんそう》を離れた「聖なる空間」です。心を深く見つめることで、疲れた心身をリフレッシュすることができます。

●支部・拠点は、あなたの町の「心の広場」です。さまざまな世代や職業の方が集まり、心の交流を行いながら、仏法真理を学んでいます。

幸福の科学入会のご案内

◆精舎、支部・拠点・布教所にて、入会式にのぞみます。入会された方には、経典《きょうてん》「入会版『正心法語《しょうしんほうご》』」が授与されます。

◆お申し込み方法等については、最寄りの精舎、支部・拠点・布教所、または左記までお問い合わせください。

幸福の科学サービスセンター
TEL 03-5793-1727
受付時間 火～金：一〇時～二〇時
土・日：一〇時～一八時